Bergweihnacht
mit
Gerhart Lippert

Bergweihnacht
mit
Gerhart Lippert

rosenheimer

Der Verlag dankt für die freundliche Genehmigung zum Abdruck von Texten:

dem Otto Müller Verlag, Salzburg, für die nachstehend genannten Texte von Karl-Heinrich Waggerl:
»Worüber das Christkind lächeln musste«, »Wozu die Liebe den Hirtenknaben veranlasste« und »Warum der schwarze König Melchior so froh war«, aus: Karl-Heinrich Waggerl: Und es begab sich, © Otto Müller Verlag, 51. Auflage, Salzburg 2004
»Advent«*, »Das Kreuz mit den Weihnachtsvorbereitungen«*, »Der Schaukelstuhl«*, »Nacht der Offenbarung«*, »Die Sitte des Schenkens«*, »Stille Nacht, heilige Nacht«*, »Stern der Verheißung«*, »Wer verzeiht, irrt nie«*, aus: Karl-Heinrich Waggerl: Das ist die stillste Zeit im Jahr, © Otto Müller Verlag, 1. Auflage, Salzburg 2004

der Verlagsanstalt Tyrolia, Innsbruck, für den Text »Der Christkindlvater« von Reimmichl, aus: Reimmichl: Weihnacht in Tirol, © Verlagsanstalt Tyrolia, 10. Auflage, Innsbruck 2007

dem R.G. Fischer Verlag, Frankfurt am Main, für die nachstehend genannten Texte von Georg Unterbuchner:
»Sinkendes Jahr«, »Erwartung im Advent«, »Stille Nacht«, aus: Georg Unterbuchner: Von fernem Klang, © 1994 R.G. Fischer, Frankfurt am Main

der Loewe Verlag GmbH, Bindlach, für die nachstehend genannten Texte von Karin Jäckel:
»Die kleine Schneeflocke«, »Der Pappkarton«, »Vom Tannenbaum, der nie goldene Zapfen bekam«, »Martin«, aus: Karin Jäckel: Das große bunte Weihnachtsbuch, © 1992 Loewe Verlag GmbH, Bindlach.

Bei den mit * gekennzeichneten Beiträgen stammt der Titel vom Herausgeber, da der Beitrag in der abgedruckten Form ursprünglich keinen Titel hatte.

© 2008 Rosenheimer Verlagshaus GmbH & Co. KG, Rosenheim
Titelfoto: Klaus G. Förg, Rosenheim
Satz: BuchBetrieb Peggy Stelling, Leipzig
Druck und Bindung: CPI Moravia Books, Pohořelice
Printed in Czech Republik

ISBN 978-3-475-53970-1

Inhalt

6

7

11

WIE WAR ICH SO REICH

Karge, glückliche Kindheit

»Wie war ich so reich damals, als ich arm war.«

Wie treffend dieser Satz des steirischen Bergbauernsohnes und Dichters Peter Rosegger aus seiner Weihnachtsgeschichte »Als ich Christtagsfreude holen ging« ist, konnte ich am eigenen Leib erfahren. Wie Rosegger hatte auch ich ein karges Leben, wenn man nur das Materielle in Betracht zieht. Als Kind einer jungen Sopranistin und Pianistin und eines schwer kriegsbeschädigten Kunstmalers bin ich am Simssee in Oberbayern aufgewachsen. Mit und in der Natur zu leben, war ungeheuer spannend und aufregend, aber auch beruhigend und erholsam – und das ist es für mich bis heute geblieben.

Wie sehr konnten Kinder und Jugendliche in einer solchen Umwelt ihre Kreativität und Fantasieentwicklung ausleben! Es fehlten viele der äußeren Einflüsse, die sie heute von dem ablenken, was das Wesentliche und Wichtige im Leben ist. Von meinen Eltern durfte ich lernen, wie man ohne fremde Hilfe und nur auf sich allein gestellt das Leben meistern kann.

Eine ganz besondere Zeit war immer die Advents- und Weihnachtszeit. Da war zum Beispiel einmal wichtig, dass die Vögel, die uns das ganze Jahr über mit ihrer Anwesenheit und ihrem Gezwitscher erfreuten, gut durch den Winter kamen. Mein Vater baute Futterhäuser, die er an geschützten Stellen anbrachte. Er verschmolz Schweine- und Rinderfett in flachen, ovalen Fischdosen oder anderen geeigneten Gefäßen mit

Sonnenblumenkernen, Haferflocken und anderen Körnern und hängte diese Futterquellen vor den Fenstern und in den Bäumen auf.

Und da stand man dann als kleiner Pimpf hinter den Fenstern und sah dem fröhlichen Treiben zu. Aber nicht zu lange, denn es hatte oft schon zu schneien begonnen. Da hieß es dann, zusammen mit dem Vater, Schnee zu schaufeln und zur rechten Zeit Tannenzweige für den Adventskranz zu besorgen. Am besten bekam man die von den Bauern, die im Wald Fichten oder Tannen gefällt hatten. Ja, und dann machte ich für uns den Adventskranz, versah ihn mit roten Bändern und Kerzen und hängte ihn in unserer Bauernstube auf. Übrigens, den Adventskranz binde ich auch heute noch.

Gerhart Lippert

Als ich die Christtagsfreude holen ging
Peter Rosegger

In meinem zwölften Lebensjahre wird es gewesen sein, als am Frühmorgen des heiligen Christabends mein Vater mich an der Schulter rüttelte: ich solle aufwachen und zur Besinnung kommen, er habe mir etwas zu sagen. Die Augen waren bald offen, aber die Besinnung! Als ich unter der Mithilfe der Mutter angezogen war und bei der Frühsuppe saß, verlor sich die Schlaftrunkenheit allmählich, und nun sprach mein Vater: »Peter, jetzt hör, was ich dir sage. Da nimm einen leeren Sack, denn du wirst was heimtragen. Da nimm meinen Stecken, denn es ist viel Schnee, und da nimm eine Laterne, denn der Pfad ist schlecht, und die Stege sind vereist. Du musst hinabgehen nach Langenwang. Den Holzhändler Spreitzegger zu Langenwang, den kennst du, der ist mir noch immer das Geld schuldig, zwei Gulden und sechsunddreißig Kreuzer für den Lärchenbaum. Ich lass ihn bitten drum; schön höflich anklopfen und den Hut abnehmen, wenn du in sein Zimmer trittst. Mit dem Geld gehst nachher zum Kaufmann Doppelreiter und kaufst zwei Massel Semmelmehl und zwei Pfund Rindsschmalz und um zwei Groschen Salz, und das tragst heim.«

Jetzt war aber auch meine Mutter zugegen, ebenfalls schon angekleidet, während meine sechs jüngeren Geschwister noch ringsum an der Wand in ihren Bettchen schliefen.

Die Mutter, die redete drein wie folgt: »Mit Mehl und Schmalz und Salz allein kann ich kein Christtagsessen richten. Ich brauch dazu noch Germ (Hefe) um einen Groschen, Weinbeerln um fünf Kreuzer, Zucker um fünf Groschen, Safran um zwei Groschen und Neugewürz um zwei Kreuzer. Etliche Semmeln werden auch müssen sein.«

»So kaufst es«, setzte der Vater ruhig bei. »Und wenn dir das Geld zu wenig wird, so bittest den Herrn Doppelreiter, er möcht die Sachen derweil borgen, und zu Ostern, wenn die Kohlenraitung (Verrechnung für Holzkohle) ist, wollt ich schon fleißig zahlen. Eine Semmel kannst unterwegs selber essen, weil du vor Abend nicht heimkommst. Und jetzt kannst gehen, es wird schon fünf Uhr, und dass du noch die Achter-Mess erlangst zu Langenwang.«

Das war alles gut und recht. Den Sack band mir mein Vater um die Mitte, den Stecken nahm ich in die rechte Hand, die Laterne mit der frischen Unschlittkerze in die linke, und so ging ich davon, wie ich zu jener Zeit in Wintertagen oft davongegangen war. Der durch wenige Fußgeher ausgetretene Pfad war holperig im tiefen Schnee, und es ist nicht immer leicht, nach den Fußstapfen unserer Vorderen zu wandeln, wenn diese zu lange Beine gehabt haben. Noch nicht dreihundert Schritt war ich gegangen, so lag ich im Schnee, und die Laterne, hingeschleudert, war ausgelöscht. Ich suchte mich langsam zusammen, und dann schaute ich die wunderschöne Nacht an.

Anfangs war sie ganz grausam finster, allmählich hub der Schnee an, weiß zu werden und die Bäume schwarz, und in der Höhe war helles Sternengefunkel. In den Schnee fallen kann man auch ohne Laterne, so stellte ich sie seithin unter einen Strauch, und ohne Licht ging's nun besser als vorhin.

In die Talschlucht kam ich hinab, das Wasser des Fresenbaches war eingedeckt mit glattem Eis, auf welchem, als ich über den Steg ging, die Sterne des Himmels gleichsam Schlittschuh liefen. Später war ein Berg zu übersteigen; auf dem Pass, genannt der »Höllkogel«, stieß ich zur wegsamen Bezirksstraße, die durch Wald und Wald hinabführt in das Mürztal. In diesem lag ein weites Meer von Nebel, in welches ich sachte hineinkam, und die feuchte Luft fing an, einen Geruch zu haben, sie roch nach Steinkohlen; und die Luft fing an, fernen Lärm an mein Ohr zu tragen, denn im Tal hämmerten die Eisenwerke, rollte manchmal ein Eisenbahnzug über dröhnende Brücken.

Nach langer Wanderung ins Tal gekommen zur Landstraße, klingelte Schlittengeschelle, der Nebel ward grau und lichter, sodass ich die Fuhrwerke und Wandersleute, die für die Feiertage nach ihren Heimstätten reisten, schon auf kleine Strecken weit sehen konnte. Nachdem ich eine Stunde lang im Tal fortgegangen war, tauchte links an der Straße im Nebel ein dunkler Fleck auf, rechts auch einer, links mehrere, rechts eine ganze Reihe – das Dorf Langenwang.

Alles, was Zeit hatte, ging der Kirche zu, denn der Heilige Abend ist voller Vorahnung und Gottesweihe. Bevor noch die Messe anfing, schritt der hagere, gebückte Schulmeister durch die Kirche, musterte die Andächtigen, als ob er jemanden suche. Endlich trat er an mich heran und fragte leise, ob ich ihm nicht die Orgel »melken« wolle, es sei der Messnerbub krank. Voll Stolz und Freude, also zum Dienste des Herrn gewürdigt zu sein, ging ich mit ihm auf den Chor, um bei der heiligen Messe den Blasebalg der Orgel zu ziehen. Während ich die zwei langen Lederriemen abwechselnd aus dem Kasten zog, in welchen jeder derselben alle Mal wieder langsam hineinkroch, orgelte der Schulmeister, und seine Tochter sang:

»Tauet, Himmel, den Gerechten,
Wolken, regnet ihn herab!
Also rief in bangen Nächten
einst die Welt, ein weites Grab.
In von Gott verhassten Gründen
herrschten Satan, Tod und Sünden,
fest verschlossen war das Tor
zu dem Himmelreich empor.«

Ferner erinnere ich mich, an jenem Morgen nach dem Gottesdienst in der dämmerigen Kirche vor ein Heiligenbild hingekniet zu sein und gebetet zu haben um Glück und Segen zur Erfüllung meiner bevorstehenden Aufgabe. Das Bild stellte die Vierzehn Nothelfer dar – einer wird doch dabei sein, der zur Eintreibung von Schulden behilflich ist. Es schien mir aber, als schiebe während meines Gebetes auf dem Bilde einer sich sachte hinter den andern zurück.

Trotzdem ging ich guten Mutes hinaus in den nebeligen Tag, wo alles emsig war in der Vorbereitung zum Fest, und ging dem Hause des Holzhändlers Spreitzegger zu. Als ich daran war, zur vorderen Tür hineinzugehen, wollte der alte Spreitzegger, so viel ich mir später reimte, durch die hintere Tür entwischen. Es wäre ihm gelungen, wenn mir nicht im Augenblick geschwant hätte: Peter, geh nicht zur vorderen Tür ins Haus wie ein Herr, sei demütig, geh zur hinteren Tür hinein, wie es dem Waldbauernbub geziemt. Und knapp an der hinteren Tür trafen wir uns.

»Ah, Bübel, du willst dich wärmen gehen«, sagte er mit geschmeidiger Stimme und deutete ins Haus, »na, geh dich nur wärmen. Ist kalt heut!« Und wollte davon.

»Mir ist nicht kalt«, antwortete ich, »aber mein Vater lässt den Spreitzegger schön grüßen und bitten ums Geld.«

»Ums Geld? Wieso?«, fragte er. »Ja richtig, du bist der Waldbauernbub. Bist früh aufgestanden heut, wenn du schon den weiten Weg kommst. Rast nur ab. Und ich lass deinen Vater auch schön grüßen und glückliche Feiertage wünschen; ich komm ohnehin ehzeit einmal zu euch hinauf, nachher wollen wir schon gleich werden.«

Fast verschlug es mir die Rede, stand doch unser ganzes Weihnachtsmahl in Gefahr vor solchem Bescheid.

»Bitt wohl von Herzen schön ums Geld, muss Mehl kaufen und Schmalz und Salz, und ich darf nicht heimkommen mit leerem Sack.«

Er schaute mich starr an. »Du kannst es!«, brummte er, zerrte mit zäher Gebärde seine große, rote Brieftasche hervor, zupfte in den Papieren, die wahrscheinlich nicht pure Banknoten waren, zog einen Gulden heraus und sagte: »Na, so nimm derweil das, in vierzehn Tagen wird dein Vater den Rest schon kriegen. Heut hab ich nicht mehr.«

Den Gulden schob er mir in die Hand, ging davon und ließ mich stehen.

Ich blieb aber nicht stehen, sondern ging zum Kaufmann Doppelreiter. Dort begehrte ich ruhig und gemessen, als ob nichts wäre, zwei Massel Semmelmehl, zwei Pfund Rindsschmalz, um zwei Groschen Salz, um einen Groschen Germ, um fünf Kreuzer Weinbeerln, um fünf Groschen Zucker, um zwei Groschen Safran und um zwei Kreuzer Neugewürz. Der Herr Doppelreiter bediente mich selbst und machte mir alles hübsch zurecht in Päckchen und Tütchen, die er dann mit Spagat zusammen in ein einziges Paket band und so an den Mehlsack hängte, dass ich das Ding über der Achsel tragen konnte, vorn ein Bündel und hinten ein Bündel. Als das geschehen war, fragte ich mit einer nicht minder tückischen Ruhe als vorhin, was das alles zusammen ausmache.

»Das macht drei Gulden fünfzehn Kreuzer«, antwortete er mit Kreide und Mund.

»Ja, ist schon recht«, hierauf ich, »da ist derweil ein Gulden, und das andere wird mein Vater, der Waldbauer in Alpl, zu Ostern zahlen.«

Schaute mich der bedauernswerte Mann an und fragte höchst ungleich: »Zu Ostern? In welchem Jahr?«

»Na, nächste Ostern, wenn die Kohlenraitung ist.«

Nun mischte sich die Frau Doppelreiterin, die andere Kunden bediente, drein und sagte: »Lass ihm's nur, Mann, der Waldbauer hat schon öfters auf Borg genommen und nachher alle Mal ordentlich bezahlt. Lass ihm's nur.«

»Ich lass ihm's ja, werd ihm's nicht wieder wegnehmen«, antwortete der Doppelreiter. Das war doch ein bequemer Kaufmann! Jetzt fielen mir auch die Semmeln ein, welche meine Mutter noch bestellt hatte.

»Kann man da nicht auch fünf Semmeln haben?«, fragte ich. – »Semmeln kriegt man beim Bäcker«, sagte der Kaufmann.

Das wusste ich nun gleichwohl, nur hatte ich mein Lebtag nichts davon gehört, dass man ein paar Semmeln auf Borg nimmt, daher vertraute ich der Kaufmännin, die sofort als Gönnerin zu betrachten war, meine vollständige Zahlungsunfähigkeit an. Sie gab mir zwei bare Groschen für Semmeln, und als sie nun noch beobachtete, wie meine Augen mit den reiffeuchten Wimpern fast unlösbar an den gedörrten Zwetschken hingen, die sie einer alten Frau in den Korb tat, reichte sie mir auch noch eine Hand voll dieser köstlichen Sache zu: »Unterwegs zum Naschen.«

Nicht lange hernach, und ich trabte, mit meinen Gütern reich und schwer bepackt, durch die breite Dorfgasse dahin. Überall in den Häusern wurde gemetzgert, gebacken, gebraten, gekeltert; ich beneidete die Leute nicht; ich bedauerte sie vielmehr, dass sie nicht ich waren, der, mit so großem Segen beladen, gen Alpl zog. Das wird morgen ein Christtag werden! Denn die Mutter kann's, wenn sie die Sachen hat. Ein Schwein ist ja auch geschlachtet worden daheim, das gibt Fleischbrühe mit Semmelbrocken, Speckfleck, Würste, Nieren-Lümperln, Knödelfleisch mit Kren, dann erst die Krapfen, die Zuckernudeln, das Schmalzkoch mit Weinbeerln und Safran! – Die Herrenleut da in Langenwang haben so was alle Tag, das ist nichts, aber wir haben es im Jahr einmal und kommen mit unverdorbenem Magen dazu, das ist was! – Und doch dachte ich auf diesem belasteten Freudenmarsch weniger noch ans Essen als an das liebe Christkind und sein hochheiliges Fest. Am Abend, wenn ich nach Hause komme, werde ich aus der Bibel davon vorlesen, die Mutter und die Magd Mirzel werden Weihnachtslieder singen; dann, wenn es zehn Uhr wird, werden wir uns aufmachen nach Sankt Kathrein und in der Kirche die feierliche Christmette begehen bei Glock', Musik und unzähligen Lichtern. Und am Seitenaltar ist das Krippel aufgerichtet mit Ochs und Esel und den Hirten, und auf dem Berg die Stadt Bethlehem und darüber die Engel, singend: Ehre sei Gott in der Höhe! – Diese Gedanken trugen mich anfangs wie Flügel. Doch als ich eine Weile die schlittenglatte Landstraße dahingegangen war, unter den Füßen knirschenden Schnee, musste ich mein Doppelbündel schon einmal wechseln von einer Achsel auf die andere.

In der Nähe des Wirtshauses »Zum Sprengzaun« kam mir etwas Vierspänniges entgegen. Ein leichtes Schlittlein, mit vier feurigen, hoch aufgefederten Rappen bespannt, auf dem Bock ein Kutscher mit glänzenden Knöpfen und einem Buttenhut. Der Kaiser? Nein, der Herr Wachtler vom Schlosse Hohenwang saß im Schlitten, über und über in Pelze gehüllt und eine Zigarre schmauchend. Ich blieb stehen, schaute dem blitzschnell vorüberrutschenden Zeug eine Weile nach und dachte: Etwas krumm ist es doch eingerichtet auf dieser Welt: Da sitzt ein starker Mann drin und lässt sich hinziehen mit so viel überschüssiger Kraft, und ich vermag mein Bündel kaum zu schleppen.

Mittlerweile war es Mittagszeit geworden. Durch den Nebel war die milchweiße Scheibe der Sonne zu sehen; sie war nicht hoch am Himmel hinaufgestiegen, denn um vier Uhr wollte sie ja wieder unten sein, zur langen Christnacht. Ich fühlte in den Beinen manchmal so ein heißes Prickeln, das bis in die Brust hinaufstieg, es zitterten mir die Glieder. Nicht weit von der Stelle, wo der Weg nach Alpl abzweigt, stand ein Kreuz mit dem lebensgroßen Bilde des Heilands. Es stand, wie es heute noch steht, an seinem Fuß Johannes und Magdalena, das Ganze mit einem Bretterverschlag verwahrt, sodass es wie eine Kapelle war. Vor dem Kreuz auf die Bank, die für kniende Beter bestimmt ist, setzte ich mich nieder, um Mittag zu halten. Eine Semmel, die gehörte mir, meine Neigung zu ihr war so groß, dass ich sie am liebsten in wenigen Bissen verschluckt hätte. Allein das schnelle Schlucken ist nicht gesund, das wusste ich von anderen Leuten, und das langsame Essen macht einen längeren Genuss, das wusste ich schon von mir selber. Also beschloss ich, die Semmel recht gemächlich und bedächtig zu genießen und dazwischen manchmal eine gedörrte Zwetschke zu naschen.

Es war eine sehr köstliche Mahlzeit; wenn ich heute etwas recht Gutes haben will, das kostet außerordentliche Anstrengungen aller Art; ach, wenn man nie und nie einen Mangel zu leiden hat, wie wird man da arm.

Und wie war ich so reich damals, als ich arm war!

Als ich nach der Mahlzeit mein Doppelbündel wieder auflud, war's ein Spaß mit ihm, flink ging es voran. Als ich später in die Bergwälder hinaufkam und der graue Nebel dicht in den schneebeschwerten Bäumen hing, dachte ich an den Grabler-Hansel. Das war ein Kohlenführer, der täglich von Alpl seine Fuhre ins Mürztal lieferte. Wenn er auch heute gefahren wäre! Und wenn er jetzt heimwärts mit dem leeren Schlitten des Weges käme und mir das Bündel auflüde! Und am Ende gar mich selber! Dass es so heiß sein kann im Winter! Mitten in Schnee und Eisschollen schwitzen! Doch morgen wird alle Mühsal vergessen sein. – Derlei Gedanken und Vorstellungen verkürzten mir unterwegs die Zeit.

Auf einmal roch ich starken Tabakrauch. Knapp hinter mir ging, ganz leise auftretend, der grüne Kilian. Der Kilian war früher einige Zeit lang Forstgehilfe in den gewerkschaftlichen Wäldern gewesen, jetzt war er's nicht mehr, wohnte mit seiner Familie in einer Hütte drüben in der Fischbacher Gegend, man wusste nicht recht, was er trieb. Nun ging er nach Hause. Er hatte einen Korb auf dem Rücken, an dem er nicht schwer zu tragen schien, sein Gewand war noch ein jägermäßiges, aber hübsch abgetragen, und sein schwarzer Vollbart ließ nicht viel sehen von seinem etwas fahlen Gesicht. Als ich ihn bemerkt hatte, nahm er die Pfeife aus dem

Mund, lachte laut und sagte: »Wo schiebst denn hin, Bub?«

»Heimzu«, meine Antwort.

»Was schleppst denn?«

»Sachen für den Christtag.«

»Gute Sachen? Der Tausend sapperment! Wem gehörst denn zu?«

»Dem Waldbauer.«

»Zum Waldbauer willst gar hinauf? Da musst gut antauchen.«

»Tu's schon«, sagte ich und tauchte an.

»Nach einem solchen Marsch wirst gut schlafen bei der Nacht«, versetzte der Kilian, mit mir gleichen Schritt haltend.

»Heut wird nicht geschlafen bei der Nacht, heut ist Christnacht.«

»Was willst denn sonst tun, als schlafen bei der Nacht?«

»Nach Kathrein in die Metten gehen.«

»Nach Kathrein?«, fragte er, »den weiten Weg?«

»Um zehn Uhr abends gehen wir vom Haus fort, und um drei Uhr früh sind wir wieder daheim.«

Der Kilian biss in sein Pfeifenrohr und sagte: »Na, hörst du, da gehört viel Christentum dazu. Beim Tag ins Mürztal und bei der Nacht in die Metten nach Kathrein! So viel Christentum hab ich nicht, aber das sage ich dir doch: Wenn du dein Bündel in meinen Buckelkorb tun willst, dass ich es dir eine Zeit lang trage und du dich ausrasten kannst, so hast ganz Recht, warum soll der alte Esel nicht auch einmal tragen!«

Damit war ich einverstanden, und während mein Bündel in seinen Korb sank, dachte ich: Der grüne Kilian ist halt doch ein besserer Mensch, als man sagt.

Dann rückten wir wieder an, ich huschte frei und leicht neben ihm her.

»Ja, ja, die Weihnachten!«, sagte der Kilian fauchend, »da geht's halt drunter und drüber. Da reden sich die Leut in eine Aufregung und Frömmigkeit hinein, die gar nicht wahr ist. Im Grund ist der Christtag wie jeder andere Tag, nicht einen Knopf anders. Der Reiche, ja, der hat jeden Tag Christtag, unsereiner hat jeden Tag Karfreitag.«

»Der Karfreitag ist auch schön«, war meine Meinung.

»Ja, wer genug Fisch und Butter und Eier und Kuchen und Krapfen hat zum Fasten!«, lachte der Kilian.

Mir kam sein Reden etwas heidentümlich vor. Doch was er noch Weiteres sagte, das verstand ich nicht mehr, denn er hatte angefangen, sehr heftig zu gehen, und ich konnte nicht recht nachkommen. Ich rutschte auf dem glitschigen Schnee mit jedem Schritt ein Stück zurück, der Kilian hatte Fußeisen angeschnallt, hatte lange Beine, war nicht abgemattet – da ging's freilich voran.

»Herr Kilian!«, rief ich.

Er hörte es nicht. Der Abstand zwischen uns wurde immer größer, bei Wegbiegungen entschwand er mir manchmal ganz aus den Augen, um nachher wieder in größerer Entfernung, halb schon von Nebeldämmerung verhüllt, aufzutauchen. Jetzt wurde mir bang um mein Bündel. Kamen wir ja doch schon dem Höllkogel nahe. Das ist jene Stelle, wo der Weg nach Alpl und der Weg nach Fischbach sich gabeln. Ich hub an zu laufen; im Angesichte der Gefahr war alle Müdigkeit dahin, ich lief wie ein Hündlein und kam ihm näher. Was wollte ich aber anfangen, wenn ich ihn eingeholt hätte, wenn ihm der Wille fehlte, die Sachen herzugeben, und mir die Kraft, sie zu nehmen? Das kann ein schönes Ende werden mit diesem Tag, denn die Sachen lasse ich nicht im Stich, und sollte ich ihm nachlaufen müssen bis hinter den Fischbacher Wald zu seiner Hütte!

Als wir denn beide so merkwürdig schnell vorwärts kamen, holten wir ein Schlittengespann ein, das vor uns mit zwei grauen Ochsen und einem schwarzen Kohlenführer langsam des Weges schliff. Der Grabler-Hansel! Mein grüner Kilian wollte schon an dem Gespann vorüberhuschen, da schrie ich von hinten her aus Leibeskräften: »Hansel! Hansel! Sei so gut, leg mir meine Christtagsachen auf den Schlitten, der Kilian hat sie im Korb, und er soll sie dir geben!«

Mein Geschrei muss wohl sehr angstvoll gewesen sein, denn der Hansel sprang sofort von seinem Schlitten und nahm eine tatbereite Haltung ein. Und wie der Kilian merkte, ich hätte hier einen Bundesgenossen, riss er sich den Korb vom Rücken und schleuderte das Bündel auf den Schlitten. Er knirschte noch etwas von

»dummen Bären« und »Undankbarkeit«, dann war er auch schon davon.

Der Hansel rückte das Bündel zurecht und fragte, ob man sich draufsetzen dürfe. Das, bat ich nicht zu tun.

So tat er's auch nicht, wir setzten uns hübsch nebeneinander auf den Schlitten, und ich hielt auf dem Schoß sorgfältig mit beiden Händen die Sachen für den Christtag. So kamen wir endlich nach Alpl. Als wir zur ersten Fresenbrücke gekommen waren, sagte der Hansel zu den Ochsen: »Oha!« und zu mir: »So!« Die Ochsen verstanden und blieben stehen, ich verstand nicht und blieb sitzen.

Aber nicht mehr lange, es war ja zum Aussteigen, denn der Hansel musste links in den Graben hinein und ich rechts den Berg hinauf.

»Dank dir's Gott, Hansel!«

»Ist schon gut, Peterl.«

Zur Zeit, da ich mit meiner Last den steilen Berg hinanstieg gegen mein Vaterhaus, begann es zu dämmern und zu schneien. Und zuletzt war ich doch daheim.

»Hast alles?«, fragte die Mutter am Kochherd mir entgegen.

»Alles!«

»Brav bist. Und hungrig wirst sein.«

Beides ließ ich gelten. Sogleich zog die Mutter mir die klingendhart gefrorenen Schuhe von den Füßen, denn ich wollte, dass sie frisch eingefettet würden für den nächtlichen Mettengang. Dann setzte ich mich in der warmen Stube zum Essen.

Aber siehe, während des Essens geht es zu Ende mit meiner Erinnerung. – Als ich wieder zu mir kam, lag ich wohl ausgeschlafen in meinem warmen Bett, und zum kleinen Fenster herein schien die Morgensonne des Christtages.

Heilige Nacht
Ludwig Thoma

So ward der Herr Jesus geboren
im Stall bei der kalten Nacht.
Die Armen, die haben gefroren,
den Reichen war's warm gemacht.

Sein Vater ist Schreiner gewesen,
die Mutter war eine Magd.
Sie haben kein Geld nicht besessen,
sie haben sich wohl geplagt.

Kein Wirt hat ins Haus sie genommen;
sie waren von Herzen froh,
dass sie noch in Stall sind gekommen.
Sie legten das Kind auf Stroh.

Die Engel, die haben gesungen,
dass wohl ein Wunder geschehn.
Da kamen die Hirten gesprungen
und haben es angesehn.

Die Hirten, die will es erbarmen,
wie elend das Kindlein sei.
Es ist eine G'schicht für die Armen,
kein Reicher war nicht dabei.

Brave Leit
Herbert Schneider

Als Besonderheit des abseitig gelegenen Markt-
fleckens im Oberland rühmte der dortige prakti-
sche Arzt: »Bei uns gibt's no brave Leit.«

Es war klar, dass er damit nicht den Schloss-
herrn, nicht den Bürgermeister, den Fabrikbe-
sitzer oder den Apotheker meinte, sondern die
einfachen, die kleinen Leute des Orts und der
Umgebung, die sich nicht hervorzutun pflegten,
aber auf die man sich verlassen kann, wenn's
nottut.

So wie sich Maria und Josef in Ludwig Thomas
»Heiliger Nacht« auf den Handwerksburschen
verlassen konnten, der die Mutter Gottes ein
Stück Wegs stützte und trug, während der Reiche mit seinem Schlitten prahlend und höhnend
vorbeifuhr, oder später die eigenen Verwandten
und Hausbesitzer die Herbergssucher mit bösen
Worten von der Tür jagten.

Ist es nicht seltsam, dass man brave Leit sofort in Zusammenhang bringt mit bescheide-
nen Lebensumständen? Reiche können wir uns
zwar sehr wohl als gute, großherzige, wohltätige
Menschen vorstellen, als brave Leit kaum.

Zu diesem Bravsein gehört ja auch Treuherzigkeit im besten Wortsinn, gehören Arglosigkeit und Bescheidenheit, wie sie Thomas »lüfti-
ger Bursch auf da Roas«, wie sie der Häuslmo
Simmerl, der Quartiergeber von Bethlehem, wie

sie die Hirten auf dem Felde zeigten. Einen in diesem Sinn »braven« Reichen gibt's wohl nicht.

Nun ist's aber gottlob nicht so, dass man sagen könnte: Bis zu diesem Kontostand sind's brave Leit, dann hören sie schlagartig auf, und je größer die Summe wird, umso unbraver werden sie. Nein, auch gestiegener Lebensstandard und bescheidener Wohlstand haben die braven Leit nicht ausrotten können, aber etwas weniger scheinen sie doch geworden zu sein. Hätte sie sonst jener Doktor eigens erwähnt? In der Erinnerung kommt's uns vor, als hätte er damals die Wörterl »bei uns« besonders hervorgehoben, als wollte er sagen: Im Gegensatz zu euch in der Großstadt drin, gibt's bei uns noch brave Leit. Entschuldigen Sie, Herr Doktor, wenn wir Ihnen widersprechen. Nicht nur draußen bei Ihnen, auch drin bei uns gibt's noch ein ganz schönes Packl brave Leit.

Jeder kennt in seiner Nachbarschaft noch ein paar davon. Sie haben ihre Seele, ihre Unschuld noch nicht an das materielle Prestigedenken unserer Tage verkauft, sind noch vom guten, alten Schlag. Meist gehören sie schon den älteren Jahrgängen an, und wenn man sich mit ihnen unterhält, hat man hernach ein gutes, warmes Gefühl. Angenehm bewegt geht man auseinander, und indem wir sie in Gedanken als brave Leit anerkennen, möchten wir insgeheim gleichfalls zu dieser Gattung gezählt werden. Und damit ist fern aller großen Theorien, und ohne dass ein Soziologieprofessor bemüht werden müsste, wieder ein bisschen was für den Fortschritt der Menschheit getan.

Mit den braven Leuten ist, seit die Welt besteht, immer wieder Schindluder getrieben worden. Ihre Treuherzigkeit ist missbraucht, ihre Arglosigkeit ausgenützt, ihre Bescheidenheit ausgebeutet worden. Aber: Sie haben als Erste das Christkind sehen dürfen. Noch bevor die drei Könige aus dem Morgenland mit ihren Schätzen angereist kamen, waren sie an der Krippe im Stall von Bethlehem. Ludwig Thoma: »Dös is für de Arma a tröstliche Gschicht, sinscht hätts insa Herrgott scho anderst eigricht.«

Es wäre ein trauriges Weihnachten, wenn wir nicht die Gewissheit haben dürften, dass es in unserem Land, im kleinsten Weiler wie in der großen Stadt, überall und trotz allem noch brave Leit gibt, Menschen, die würdig wären, das Christkind zu empfangen.

Alles beginnt klein
Helmut Zöpfl

Erst die kleinen Sekunden
ergeben die Stunden.
Das Kleine bloß
macht Großes groß.
Es beginnt alles mit
einem ganz kleinen Schritt.
Auch der alles macht,
der das Heil uns gebracht,
er, der alles erhält,
Gott kam klein auf die Welt.

Christkindl-Ahnung im Advent
Ludwig Thoma

Erleben eigentlich Stadtkinder Weihnachtsfreuden? Erlebt man sie heute noch? Ich will es allen wünschen, aber ich kann es nicht glauben, dass das Fest in der Stadt mit ihren Straßen und engen Gassen das sein kann, was es uns Kindern im Walde gewesen ist.

Der erste Schnee erregte schon liebliche Ahnungen, die bald verstärkt wurden, wenn es im Haus nach Pfeffernüssen, Makronen und Kaffeekuchen zu riechen begann, wenn am langen Tische der Herr Oberförster und seine Jäger mit den Marzipanmodeln ganz zahme, häusliche Dinge verrichteten, wenn an den langen Abenden sich das wohlige Gefühl der Zusammengehörigkeit auf dieser Insel, die Tag und Tag stiller wurde, verbreitete.

In der Stadt kam das Christkind nur einmal, aber in der Riß wurde es schon Wochen vorher im Walde gesehen, bald kam der, bald jener Jagdgehilfe mit der Meldung herein, dass er es auf der Jachenauer Seite oder hinterm Ochsensitzer habe fliegen sehen. In klaren Nächten musste man bloß vor die Türe gehen, dann hörte man vom Walde herüber ein feines Klingeln und sah in den Büschen ein Licht aufblitzen. Da röteten sich die Backen vor Aufregung, und die Augen blitzten vor freudiger Erwartung.

Je näher aber der Heilige Abend kam, desto näher kam auch das Christkind ans Haus, ein

Licht huschte an den Fenstern des Schlafzimmers vorüber, und es klang wie von leise gerüttelten Schlittenschellen. Da setzten wir uns in den Betten auf und schauten sehnsüchtig ins Dunkel hinaus; die großen Kinder aber, die unten standen und auf einer Stange Lichter befestigt hatten, der Jagdgehilfe Bauer und sein Oberförster, freuten sich kaum weniger.

Es gab natürlich in den kleinen Verhältnissen kein Übermaß an Geschenken, aber was gegeben wurde, war mit aufmerksamer Beachtung eines Wunsches gewählt und erregte Freude. Als meine Mutter an einem Morgen nach der Bescherung ins Zimmer trat, wo der Christbaum stand, sah sie mich stolz mit meinem Säbel herumspazieren, aber ebenso froh bewegt schritt mein Vater im Hemde auf und ab und hatte den neuen Werderstutzen umgehängt, den ihm das Christkind gebracht hatte.

Wenn der Weg offen war, fuhren meine Eltern nach den Feiertagen auf kurze Zeit zu den Verwandten nach Ammergau. Ich mag an die fünf Jahre gewesen sein, als ich zum ersten Male mitkommen durfte, und wie der Schlitten die Höhe oberhalb Wallgau erreichte, von wo aus sich der Blick auf das Dorf öffnete, war ich außer mir vor Erstaunen über die vielen Häuser, die Dach an Dach nebeneinander standen. Für mich hatte es bis dahin bloß drei Häuser in der Welt gegeben.

Der erste Schnee
Helmut Zöpfl

Schaug naus ausm Fenster: es schneibt!
Schau nur hi, wias d'Flockn treibt,
wias es wurlt und wias es draht,
wias as Weiße wirbelt und waht.
Und schaugst dann a kloanz bißl zua,
na bist no amal der kloa Bua,
denkst ans Schneeballwerfa,
ans Schlittnfahrnderfa,
ans Schneewalznrolln,
ans Bravseisolln
zwengs an Gschenkakriagn,
an a knarzade Stiagn,
ans Kettnklirrn,
ans Herzklopfaspürn,
an d'Kerzn, wias riacht,
ans Sternwerferliacht,
ans Glanzn und Klinga,
ans »O Tannenbaum«-Singa …
Doch scho nach einiger Zeit,
bist halt dann wieder im Heut,
und as Schneibn duad die bloß no moniern:
Morgn muaßt dir de Winterreifn montiern!

Und der Stern hat geleuchtet
Helmut Zöpfl

Und der Stern hat geleuchtet
so hell überm Stall,
dass ein nächtlicher Glanz
war zu sehn überall.
Damit nicht verglimmt
des Weihnachtssterns Schein,
lasst mehr Licht auch uns bringen
ins Dunkel hinein!

Bitte zeig uns das Land
Helmut Zöpfl

Kein Mensch mehr muss hungern,
für alle gibt's Brot,
nicht Armut, nicht Leid,
kein Schmerz, keine Not.

Die Traurigkeit lebt
als Erinnerung nur,
überall ist nur Leben,
vom Tod keine Spur.

Nicht Unruh, nicht Hast
in dem Land weit und breit,
das Glück kennt die Uhr nicht
und alles hat Zeit.

Jede Hoffnung wird wahr,
es erfüllt sich Vertraun,
denn Gott wohnt bei uns,
wohnt gleich hinterm Zaun.

Bitte zeig uns das Land,
bitte zeig uns, wo's liegt,
dieses Land, das es irgendwo,
irgendwann gibt.

Nach einer Idee von Otto Wiemer

Advent
Karl-Heinrich Waggerl

Advent, das ist die stillste Zeit im Jahr, wie es im Liede heißt, die Zeit der frohen Zuversicht und der gläubigen Hoffnung. Es mag ja nur eine Binsenweisheit sein, aber es ist eine von den ganz verlässlichen Binsenweisheiten, dass hinter jeder Wolke der Trübsal doch immer auch ein Stern der Verheißung glänzt. Daran trösten wir uns in diesen Wochen, wenn Nacht und Kälte unaufhaltsam zu wachsen scheinen. Wir wissen ja doch, und wir wissen es ganz sicher, dass die finsteren Mächte unterliegen werden, an dem Tag, mit dem die Sonne sich wendet, und in der Nacht, in der uns das Heil der Welt geboren wurde.

Für die Leute in den Städten hat der Advent kein großes Geheimnis mehr. Ihnen ist es nur unbequem und lästig, wenn die ersten Fröste kommen, wenn der Nebel in die Straßen fällt und das karge Licht des Tages noch mehr verkürzt. Aber der Mensch auf dem Lande, in entlegenen Tälern und einschichtigen Dörfern, der steht den gewaltigen Kräften der Natur noch unmittelbar gegenüber. Stürme toben durch die Wälder herab und ersticken ihm das Feuer auf dem Herd, er sieht die Sonne auf ihrem Weg von Berg zu Berg krank werden und hinsterben, finster sind die Nächte, und der Schneedonner schreckt das Wild aus seinen Zuflüchten. Noch in meiner

Kindheit gab es kein Licht in der Stube, außer von einer armseligen Talgkerze. Der Wind rüttelte am Fensterladen und schnaufte durch die Ritzen, das hörte sich an wie der Atem eines Ungeheuers, das draußen herumging und überall schnupperte, einmal an der Wand und dann an den Dachschindeln. Und plötzlich hörte man den Brunnen nicht mehr, da trank wohl dieses nächtliche Tier vom Wasser. Wie gut, wenn ein Licht dabei brannte, gottlob für einen winzigen Funken Licht in der schrecklichen Finsternis!

Die staade Zeit
Barbara Haltmair

Meine Leute redeten nie von der »staadn Zeit«.
Dafür haben die eine gehabt.

Das Heu war herin, der Mist auseinand, ins Holz konnte man nicht hinaus, weil zu viel Schnee lag.

So steckten wir »a paar tennane Daxn« hinter das Kreuz im Herrgottswinkel und verbrachten unsere kurzen Tage mit »Guatlbacha«, »Strümpfstopfa« oder einem gelegentlichen nachbarlichen Ratsch.

Am späten Nachmittag machten wir kein Licht, sondern schauten zu, wie sich die Dämmerung aufs Haus und aufs Dorf herabsenkte.

Auf diese Art erlebten wir früher die Vorweihnacht.

Jetzt müssen wir am Samstag zum Adventsingen, am Sonntag auf den Christkindlmarkt, am Montag in die Weihnachtsfeier, am Dienstag zum Nikolausabend, am Mittwoch zur Christbaumversteigerung, am Donnerstag ins Krippenspiel, und am Freitag hat der Verein seine Jahresversammlung.

Überall sausen wir hin und reden von »da staadn Zeit«, die's schon lang nicht mehr gibt.

Vom Tannenbaum,
der nie goldene Zapfen bekam
Karin Jäckel

Am Waldrand stand zwischen Büschen und Heidekraut eine kleine, verkrüppelte Tanne. Jahr für Jahr, wenn der Winter gekommen war, hing der Förster ein Vogelhäuschen in ihre Zweige und füllte es reichlich für seine gefiederten Freunde.

Den ganzen Tag wurde es nicht still um den kleinen Baum, denn die Vögel hatten viel zu schwatzen.

»In der Stadt hängen sie schon Lichterketten auf«, wussten die Spatzen, die in allen Gassen daheim waren.

»Beim Brunnen steht schon der erste Weihnachtsbaum«, zwitscherten die Meisen.

»Ja, und morgen«, tschilpten die Finken dazwischen, »will der Förster Waldarbeiter schicken, die Tannenbäume fürs Fest mitnehmen sollen.«

»Die werden dann verkauft und mit roten Kugeln und goldenen Schleifen geschmückt«, pfiff ein Dompfaff, der alles immer ganz genau wissen musste.

»Aber am schönsten sind doch goldene Tannenzapfen«, gurrte eine Taube, die einmal aus einem Taubenschlag fortgeflogen war.

Die kleine Tanne versuchte, ihre Schneemütze abzuschütteln, um größer auszusehen.

»Meint ihr, sie nehmen auch mich einmal mit?«, fragte sie gespannt. Die Vögel hörten verwundert auf zu fressen und zu erzählen.

»Dich?«, kreischte eine Elster und hielt der kleinen Tanne eine Spiegelscherbe hin, die sie gerade in ihr Nest tragen wollte. »Schau doch selbst, wie schön du bist!«

Da sah die kleine Tanne zum ersten Mal ihre schief gewachsenen Zweige und den Stamm, der wie ein Fragezeichen verbogen war, und schämte sich sehr. Am nächsten Morgen kamen die Holzfäller tatsächlich. Sie suchten die schönsten Tannen aus, sägten sie ab und fuhren in großen Lastwagen mit ihnen davon. Die kleine Tanne sah alles mit an und weinte Tränen aus bitterem Harz.

Mehrere Tage vergingen, da kam der Förster wieder an den Waldrand, um das Vogelhaus neu zu füllen. Auf einem Anhänger brachte er vier Baumstämme mit, die der kleinen Tanne bekannt vorkamen. Wunderbar gerade waren sie gewachsen, doch die Nadeln waren braun und dürr geworden, und unter dem obersten Kranz seiner Zweige glänzte bei einem von ihnen ein goldener Zapfen.

Einen nach dem anderen warf der Förster die Bäume in den Schnee. »Sollen die Hasen sich unter euch verstecken, dann seid ihr doch noch zu etwas nutze«, brummte er und fuhr davon.

Gleich kam ein Eichhörnchen, das griff nach dem goldenen Zapfen und biss hinein. Doch kaum hatte es das erste goldene Samenkorn zwischen den Zähnen, warf es den ganzen Zapfen schimpfend fort.

»Pfui, ungenießbar!«

Die kleine Tanne musste lachen und reckte alle ihre grünen Zweige in den Wind.

»Komm!«, rief sie dem Eichhörnchen zu und winkte auch die Vögel zum Futterhaus. »Goldene Körner hab' ich zwar nicht, aber braune, köstlich-frische. Und wenn ich auch nie ein Weihnachtsbaum werde, so ist mir doch der goldene Sonnenschein in meiner Krone lieber, als nur ein einziges Mal einen goldenen Tannenzapfen zu tragen.«

In der Christnacht
Peter Rosegger

In unserer Stube, an der mit grauem Lehm übertünchten Ofenmauer, stand jahraus, jahrein ein Schemel aus Eichenholz. Er war immer glatt und rein gescheuert, denn er wurde, wie die anderen Stubengeräte, jeden Samstag mit feinem Bachsand und einem Strohwisch abgerieben. In der Zeit des Frühlings, des Sommers und des Herbstes stand dieser Schemel leer und einsam in seinem Winkel, nur an jedem Tag zur Abendzeit zog ihn die Ahne etwas weiter hervor, kniete auf denselben hin und verrichtete ihr Abendgebet. Auch an den Samstagen, wenn der Vater am Tisch die Feierabendandacht vorbetete, kniete die Ahne auf dem Schemel. Als aber der Spätherbst kam mit den langen Abenden, an welchen die Knechte in der Stube aus Kienscheiten Leuchtspäne schnitzten und die Mägde sowie auch meine Mutter und die Ahne Wolle und Flachs spannen, und als die Adventzeit kam, in welcher an solchen Span- und Spinnabenden alte Märchen erzählt und geistliche Lieder gesungen wurden, da saß ich beständig auf dem Schemel am Ofen.

Ich hörte von da aus den Geschichten und Gesängen zu, und wenn solche schauerlich wurden und sich meine kleine Seele aufzuregen und zu fürchten begann, rückte ich den Schemel näher zu der Mutter und begann mich ängstlich an ihr

Kleid zu halten, und ich konnte gar nicht mehr begreifen, wie die anderen über mich oder über ihre schrecklichen Geschichten noch zu lachen vermochten. Zuletzt, als es zum Schlafengehen kam und mir die Mutter mein Ladbettchen hervorzog, wollte ich schon gar nicht mehr allein in das Bett gehen, und es musste die Ahne neben mir liegen, bis die fürchterlichen Bilder in mir vergingen und ich endlich einschlief.

Aber die langen Adventnächte waren bei uns immer sehr kurz. Bald nach zwei Uhr begann es im Hause unruhig zu werden. Oben auf dem Dachboden hörte man die Knechte, wie sie sich ankleideten und umhergingen, und in der Küche brachen die Mägde Späne ab und schürten am Herde. Dann gingen sie alle auf die Tenne zum Dreschen.

Auch die Mutter war aufgestanden und hatte in der Stube Licht gemacht; bald darauf erhob sich der Vater, und sie zogen Kleider an, die nicht ganz für den Werktag und auch nicht ganz für den Feiertag waren. Dann sprach die Mutter zur Ahne, die im Bett lag, einige Worte, und wenn ich, erweckt durch die Unruhe, auch irgendeine Bemerkung tat, so gab sie mir bloß zur Antwort: »Sei du nur schön still und schlaf!« – Dann zündeten meine Eltern eine Laterne an, löschten das Licht in der Stube aus und gingen aus dem Hause. Ich hörte noch die äußere Tür gehen, und ich sah an den Fenstern den Lichtschimmer vorüberflimmern, und ich hörte das

Ächzen der Tritte im Schnee, und ich hörte noch das Rasseln des Kettenhundes. – Dann wurde es wieder ruhig, nur das dumpfe, gleichmäßige Pochen der Drescher war zu vernehmen, dann schlief ich wieder ein.

Der Vater und die Mutter gingen in die fast drei Stunden entfernte Pfarrkirche zur Rorate. Ich träumte ihnen nach, ich hörte die Kirchenglocken, ich hörte den Ton der Orgel und das Adventlied: Maria sei gegrüßt, du Lichter Morgenstern! Und ich sah die Lichter am Hochaltar, und die Engelein, die über demselben standen, breiteten ihre goldenen Flügel aus und flogen in der Kirche umher, und einer, der mit der Posaune über dem Predigtstuhl stand, zog hinaus in die Heiden und in die Wälder und blies es durch die ganze Welt, dass die Ankunft des Heilands nahe sei.

Als ich erwachte, strahlte die Sonne schon lange zu den Fenstern herein, und draußen glitzerte und flimmerte der Schnee, und die Mutter ging wieder in der Stube umher und war in Werktagskleidern und tat häusliche Arbeiten. Das Bett der Ahne neben dem meinigen war auch schon geschichtet, und die Ahne kam nun von der Küche herein und half mir die Höschen anziehen und wusch mein Gesicht mit kaltem Wasser, dass ich aus Empfindsamkeit zugleich weinte und lachte. Als dieses geschehen war, kniete ich auf meinen Schemel hin und betete mit der Ahne den Morgensegen:

»In Gottes Namen aufstehen,
gegen Gott gehen,
gegen Gott treten,
zum himmlischen Vater beten,
dass er uns verleih
lieb Englein drei:
der erste, der uns weist,
der zweite, der uns speist,
der dritt, der uns behüt und bewahrt,
dass uns an Leib und Seel nichts widerfahrt.«

Nach dieser Andacht erhielt ich meine Morgensuppe, und nach derselben kam die Ahne mit einem Kübel Rüben, die wir nun zusammen zu
schälen hatten. Ich saß dabei auf meinem Schemel. Aber bei dem Schälen der Rüben konnte
ich die Ahne nie vollkommen befriedigen; ich
schnitt stets eine zu dicke Schale, ließ sie aber
stellenweise doch wieder ganz auf der Rübe.
Wenn ich mich gar in die Finger schnitt und sofort zu weinen begann, so sagte die Ahne immer
sehr unwirsch: »Mit dir ist's wohl ein rechtes
Kreuz, man soll dich frei hinauswerfen in den
Schnee!« Dabei verband sie mir die Wunde mit
unsäglicher Sorgfalt und Liebe.

So vergingen die Tage des Advents, und ich
und die Ahne sprachen immer häufiger vom
Weihnachtsfest und vom Christkind, das nun
bald kommen werde zu den Menschen.

Je mehr wir dem Feste nahten, um so unruhi-
ger wurde es im Haus. Die Knechte trieben das

Vieh aus dem Stall und gaben frische Streu hinein und stellten die Barren und Krippen zurecht; der Halterbub striegelte die Ochsen, dass sie ein glattes Aussehen bekamen; der Futterbub mischte mehr Heu in das Stroh als gewöhnlich und bereitete davon einen ganzen Stoß in der Futterkammer. Die Kuhmagd tat das Gleiche. Das Dreschen hatte schon einige Tage früher aufgehört, weil man durch den Lärm die nahen Feiertage zu entheiligen geglaubt hätte.

Im ganzen Haus wurde gewaschen und gescheuert, selbst in die Stube kamen die Mägde mit ihren Wasserkübeln und Strohwischen und Besen hinein. Ich freute mich immer sehr auf dieses Waschen, weil ich es gern hatte, wie alles drunter und drüber gekehrt wurde, und weil die Glasbilder im Tischwinkel, die braune Schwarzwälderuhr mit ihrer Metallschelle und andere Dinge, die ich sonst immer nur von der Höhe zu sehen bekam, herabgenommen und mir näher gebracht wurden, sodass ich alles viel genauer und von verschiedenen Seiten betrachten konnte. Freilich war mir nicht erlaubt, dergleichen Dinge anzurühren, weil ich noch zu ungeschickt und unbesonnen dafür wäre und die Gegenstände leicht beschädigen könne. Aber es gab doch Augenblicke, in welchen man im eifrigen Waschen und Scheuern nicht auf mich achtete.

In einem solchen Augenblick kletterte ich einmal über den Schemel auf die Bank und von der Bank auf den Tisch, der aus seiner gewöhnlichen

Stellung gerückt war, und auf dem die Schwarzwälderuhr lag. Ich machte mich an die Uhr, von der die Gewichte über den Tisch hingen, sah durch ein offenes Seitentürchen in das messingene, sehr bestaubte Räderwerk hinein, tupfte einige Mal an die kleinen Blätter des Windrädchens und legte die Finger endlich selbst an das Rädchen, ob es denn nicht gehe; aber es ging nicht. Zuletzt rückte ich auch ein wenig an einem Holzstäbchen, und als ich das tat, begann es im Werk fürchterlich zu rasseln. Einige Räder gingen langsam, andere schneller, und das Windrädchen flog, dass man es kaum sehen konnte. Ich war unbeschreiblich erschrocken, ich kollerte vom Tisch über Bank und Schemel auf den nassen, schmutzigen Boden hinab; da fasste mich schon die Mutter am Röcklein, und die »birkene Liesel« war da. Das Rasseln in der Uhr wollte gar nicht aufhören, und zuletzt nahm mich die Mutter mit beiden Händen und trug mich in das Vorhaus und schob mich durch die Tür hinaus in den Schnee und schlug die Tür hinter mir zu. Ich stand wie vernichtet da, ich hörte von innen noch das Greinen der Mutter, die ich sehr beleidigt haben musste, und ich hörte das Scheuern und Lachen der Mägde, und ich hörte noch immer das Rasseln der Uhr.

Als ich eine Weile dagestanden und geschluchzt hatte, und als gar niemand kam, der mich wieder in das Haus gerufen hätte, ging ich fort nach dem Pfade, der in den Schnee getreten war, und ich ging über den Hausanger und über das Feld dem Walde zu. Ich wusste nicht, wohin ich wollte, ich bildete mir nur ein, dass mir ein großes Unrecht geschehen sei und dass ich nun nicht mehr in das Haus zurückkehren könne.

Aber ich war noch nicht zum Wald gekommen, als ich hinter mir ein grelles Pfeifen hörte. Das war das Pfeifen der Ahne, wie sie es machte, wenn sie zwei Finger in den Mund nahm, die Zunge spitzte und blies: »Wo willst du denn hin, du dummes Kind«, rief sie, »wart, wenn du so im Wald herumlaufen willst, so wird dich schon die Mooswaberl abfangen, wart nur!«

Auf dieses Wort kehrte ich augenblicklich um, denn die Mooswaberl fürchtete ich unsäglich.

Ich ging aber immer noch nicht in das Haus, ich blieb im Hof stehen, wo der Vater und zwei Knechte gerade ein Schwein aus dem Stall zogen, um es abzustechen. Über das ohrenzerreißende Schreien des Tieres und über das Blut, das ich nun sah und das eine Magd in einem Topf auffing, vergaß ich auf das Vorgefallene, und als der Vater im Vorhaus das Schwein abhäutete, stand ich schon wieder dabei und hielt die Hautzipfel, die er mit einem großen Messer von dem speckigen Fleisch immer mehr und mehr lostrennte. Als später die Eingeweide herausgenommen waren und die Mutter Wasser in das Becken goss, sagte sie zu mir: »Geh weg da, sonst wirst du ganz angespritzt!«

Aus diesen Worten entnahm ich, dass die Mutter mit mir wieder versöhnt sei, und nun war alles gut, und als ich wieder in die Stube kam, um mich ein wenig zu erwärmen, stand da alles an seinem gewöhnlichen Platz. Boden und Wände waren noch feucht, aber rein gescheuert, und die Schwarzwälderuhr hing wieder an der Wand und tickte. Und sie tickte viel lauter und heller durch die neu hergestellte Stube als früher.

Endlich nahm das Waschen und Scheuern und Glätten ein Ende, im Haus wurde es ruhiger, fast still, und der Heilige Abend war da. Das Mittagsmahl am Heiligen Abend wurde nicht in der Stube eingenommen, sondern in der Küche, wo man das Nudelbrett als Tisch nahm und sich um dasselbe herum setzte und das einfache Fastengericht still, aber mit gehobener Stimmung verzehrte.

Der Tisch in der Stube war mit einem schneeweißen Tuch bedeckt, und vor dem Tisch stand mein Schemel, auf welchen sich zum Abend, als die Dämmerung einbrach, die Ahne hinkniete und still betete.

Mägde gingen leise durch das Haus und bereiteten ihre Festtagskleider vor, und die Mutter tat in einen großen Topf Fleischstücke, goss Wasser dazu und stellte sie zum Herdfeuer. Ich schlich in der Stube auf den Zehenspitzen herum und hörte nichts als das lustige Prasseln des Feuers in der Küche. Ich blickte auf meine Sonntagshöschen und auf das Jöpperl und auf das schwarze Filzhütlein, das schon an einem Nagel an der Wand hing, und dann blickte ich durch das

Fenster in die hereinbrechende Dunkelheit hinaus. Wenn kein ungestümes Wetter eintrat, so durfte ich in der Nacht mit dem Großknecht in die Kirche gehen. Und das Wetter war ruhig, und es würde auch, wie der Vater sagte, nicht allzu kalt werden, weil auf den Bergen Nebel lag. Unmittelbar vor dem »Rauchengehen«, in welchem Haus und Hof nach alter Sitte mit Weihwasser und Weihrauch besegnet wird, hatten der Vater und die Mutter einen kleinen Streit. Die Mooswaberl war da gewesen, hatte glückselige Feiertage gewünscht, und die Mutter hatte ihr für den Festtag ein Stück Fleisch geschenkt. Darüber war der Vater etwas ungehalten; er war sonst ein Freund der Armen und gab ihnen nicht selten mehr, als unsere Verhältnisse erlauben wollten, aber der Mooswaberl sollte man seiner Meinung nach kein Almosen reichen. Die Mooswaberl war ein Weib, welches gar nicht in die Gegend gehörte, welches unbefugt in den Wäldern umherstrich, Moos und Wurzeln sammelte, in halb verfallenen Köhlerhütten Feuer machte und schlief. Daneben zog sie bettelnd zu den Bauernhöfen, wollte Moos verkaufen, und da sie keine Geschäfte machte, weinte sie und verfluchte das Leben. Kinder, die sie ansah, fürchteten sich entsetzlich vor ihr, und viele wurden gar krank; Kühen tat sie an, dass sie rote Milch gaben.

Wer ihr eine Wohltat erwies, den verfolgte sie einige Minuten und sagte ihm: »Tausend und tausend Vergeltsgott bis in den Himmel hinauf.«

Wer sie aber verspottete oder sonst auf irgendeine Art beleidigte, zu dem sagte sie: »Ich bete dich hinab in die unterste Hölle!«

Die Mooswaberl kam oft zu unserem Haus und saß gern vor demselben auf dem grünen Rasen oder auf dem Querbrett des Zaunstiegels (Überstieg über den Zaun), trotz des heftigen Bellens und Rasselns unseres Kettenhundes, der sich gegen dieses Weib besonders unbändig zeigte. Aber die Mooswaberl saß so lange vor dem Haus, bis die Mutter ihr eine Schale Milch oder ein Stück Brot oder beides hinaustrug. Meine Mutter hatte es gern, wenn das Weib sie durch ein tausendfaches Vergeltsgott bis in den Himmel hinauf wünschte. Der Vater legte dem Wunsche dieser Person keinen Wert bei, ob es ein Segensspruch war oder ein Fluch.

Als man draußen im Dorf vor Jahren das Schulhaus gebaut hatte, war dieses Weib mit ihrem Mann in die Gegend gekommen und hatte dabei geholfen, bis einst der Mann bei einer Steinsprengung getötet wurde. Seit dieser Zeit arbeitete sie nicht mehr, und sie zog auch nicht fort, sondern trieb sich umher, ohne dass man wusste, was sie tat und was sie wollte. Zum Arbeiten war sie nicht mehr zu bringen; sie schien geisteskrank zu sein.

Der Richter hatte die Mooswaberl schon mehrmals aus der Gemeinde gewiesen, aber sie war immer wieder zurückgekommen. »Sie würde nicht immer zurückgekommen sein«, sagte mein Vater, »wenn sie in dieser Gegend nichts gebettelt bekäme. So wird sie hier verbleiben, und wenn sie alt und krank ist, müssen wir sie auch hegen und pflegen; das ist ein Kreuz, welches wir uns selbst an den Hals gebunden haben.«

Die Mutter sagte nichts zu solchen Worten, sondern sie gab der Mooswaberl, wenn sie kam, immer das gewohnte Almosen, und heute etwas mehr, zu Ehren des hohen Festes.

Darum also war der kleine Streit zwischen Vater und Mutter, der aber alsogleich verstummte, als zwei Knechte mit dem Rauch- und Weihwassergefäß in das Haus kamen.

Nach dem Rauchen stellte der Vater ein Kerzenlicht auf den Tisch, Späne durften heute nur in der Küche gebrannt werden. Das Nachtmahl wurde schon wieder in der Stube eingenommen. Der Großknecht erzählte während desselben wundersame Geschichten.

Nach dem Abendmahl sang die Mutter ein Hirtenlied. So wonnevoll ich sonst diesen Liedern lauschte, heute dachte ich immer nur an den Kirchgang, und ich wollte durchaus schon das Sonntagskleidchen anziehen. Man sagte, es sei noch später Zeit dazu, aber endlich gab die Ahne meinem Drängen doch nach und zog mich an. Der Stallknecht kleidete sich sehr sorgsam in seinen Festtagsstaat, weil er nach dem Mitternachtsgottesdienst nicht nach Hause gehen, sondern im Dorf den Morgen abwarten wollte. Gegen neun Uhr waren auch die anderen Knechte und Mägde bereit und zündeten am Kerzenlicht eine Spanlunte an. Ich hielt mich an den Großknecht, und meine Eltern und meine Großmutter, welche daheim blieben, um das Haus zu hüten, besprengten mich mit Weihwasser und sagten, dass ich nicht fallen und nicht erfrieren möge.

Dann gingen wir.

Es war sehr finster, und die Lunte, welche der Stallknecht vorantrug, warf ihr rotes Licht in einer großen Scheibe auf den Schnee und auf den Zaun und auf die Steinhaufen und Bäume, an denen wir vorüberkamen. Mir kam dieses rote Leuchten, das zudem noch durch die großen Schatten unserer Körper unterbrochen war, grauenhaft vor, und ich hielt mich sehr ängstlich an den Großknecht, sodass dieser einmal sagte: »Aber hörst, meine Joppe musst du mir lassen, was tät ich denn, wenn du mir sie abrissest?«

Der Pfad war eine Zeit lang sehr schmal, sodass wir hintereinander gehen mussten, wobei ich nur froh war, dass ich nicht der Letzte war, denn ich bildete mir ein, dass dieser unendlichen Gefahren wegen der Gespenster ausgesetzt sein müsse.

Eine schneidende Luft ging, und die glimmenden Splitter der Lunte flogen weithin, und selbst als sie auf die harte Schneekruste fielen, glommen sie noch eine Weile fort.

Wir waren bisher über die Blößen und durch Gesträuch und Wälder abwärts gegangen, jetzt kamen wir zu einem Bach, den ich sehr gut kannte, er floss durch die Wiese, auf welcher wir im Sommer das Heu machten. Im Sommer rauschte dieser Bach sehr, aber heute hörte man ihn nur murmeln und gurgeln, weil er überfroren war. Auch an einer Mühle kamen wir vorüber, an welcher ich gar heftig erschrak, weil einige Funken auf das Dach flogen; aber auf dem Dach lag Schnee, und die Funken erloschen. Als wir eine Weile durch das Tal gegangen waren, verließen wir den Bach, und der Weg führte aufwärts durch einen finsteren Wald, in welchem der Schnee sehr seicht lag und keine so feste Kruste hatte wie auf den Blößen.

Endlich kamen wir zu einer breiten Straße, wo wir nebeneinander gehen konnten und wo wir dann und wann ein Schlittengeschelle hörten. Dem Stallknecht war die Lunte bereits bis zu der Hand herabgebrannt, und er zündete nun eine neue an, die er vorrätig hatte. Auf der Straße sah man nun auch mehrere andere Lichter, große, rote Fackeln, die heranloderten, als schwämmen sie in der schwarzen Luft, und hinter denen nach und nach ein Gesicht und mehrere Gesichter auftauchten, von Kirchengehern, die sich nun auch zu uns gesellten. Und wir sahen Lichter von anderen Bergen und Höhen, die noch so weit entfernt waren, dass wir nicht erkennen konnten, ob sie standen oder sich bewegten.

So gingen wir weiter. Der Schnee knirschte unter unseren Füßen, und wo ihn der Wind weggetragen hatte, da war der schwarze Fleck des nackten Bodens so hart, dass unsere Schuhe an ihm klangen. Die Leute sprachen und lachten viel, aber mir war, als sei das in der heiligen Christnacht gar nicht recht; ich dachte nur immer schon an die Kirche, und wie das doch sein werde, wenn mitten in der Nacht Musik und ein Hochamt ist.

Als wir eine lange Weile auf der Straße fortgegangen und an einzelnen Bäumen und an Häusern vorüber und dann wieder über Felder und durch einen Wald gekommen waren, hörte ich auf den Baumwipfeln plötzlich ein leises Klingen. Als ich horchen wollte, hörte ich es nicht, aber bald darauf hörte ich es wieder und deutlicher als das erste Mal. Es war der Ton des kleinen Glöckleins vom Turm der Kirche. Die Lichter, die wir nun auf den Bergen und im Tal sahen, wurden immer häufiger, und nun merkten wir es auch, dass sie alle der Kirche zueilten. Auch die kleinen, ruhigen Sterne der Laternen schwebten heran, und auf der Straße wurde es immer lebhafter. Das kleine Glöcklein wurde durch ein größeres abgelöst, und das läutete so lange, bis wir fast nahe zur Kirche kamen. – Also war es doch wahr, wie die Ahne gesagt hatte: Um Mitternacht fangen die Glocken zu läuten an und läuten so lange, bis aus den fernen Tälern der letzte Bewohner der Hütten zur Kirche kommt.

Die Kirche steht auf einem mit Birken und Tannen bewachsenen Hügel, und um sie liegt der kleine Friedhof, welcher mit einer niederen Mauer umgeben ist. Die wenigen Häuser stehen im Tal.

Als die Leute an die Kirche gekommen waren, steckten sie ihre Lunten umgekehrt in den Schnee, dass sie erloschen, nur eine wurde zwischen zwei Steine der Friedhofsmauer geklemmt und brennen gelassen.

Jetzt klang auf dem Turm in langsamem, gleichmäßigem Wiegen schon die große Glocke. Aus den schmalen, hohen Kirchenfenstern fiel heller Schein. Ich wollte in die Kirche, aber der Großknecht sagte, es habe noch Zeit, und blieb stehen und sprach und lachte mit anderen Burschen und stopfte sich eine Pfeife an.

Endlich klangen alle Glocken zusammen, in der Kirche begann die Orgel zu tönen, und nun gingen wir hinein.

Das sah ganz anders aus als an den Sonntagen. Die Lichter, die auf dem Altar brannten, waren hellweiße, funkelnde Sterne, und der vergoldete Tabernakel strahlte gar herrlich zurück. Die Ampel des Ewigen Lichtes war rot. Der obere Raum der Kirche war so dunkel, dass man die schönen Verzierungen des Schiffes nicht sehen konnte. Die dunklen Gestalten der Menschen saßen in den Stühlen oder standen neben denselben; die Weiber waren sehr in Tücher eingeschlagen und husteten. Viele hatten Kerzen vor sich brennen und sangen aus ihren Büchern mit, als auf dem Chor das Te Deum ertönte. Der Großknecht führte mich durch die zwei Reihen der Stühle gegen einen Nebenaltar, wo schon mehrere Leute standen. Dort hob er mich auf einen

Schemel zu einem Glaskasten empor, der, von zwei Kerzen beleuchtet, zwischen zwei aufgesteckten Tannenwipfeln stand und den ich früher, wenn ich mit den Eltern in die Kirche kam, nie gesehen hatte. Als mich der Großknecht auf den Schemel gehoben hatte, sagte er mir leise ins Ohr: »So, jetzt kannst das Krippel anschauen.« Dann ließ er mich stehen, und ich schaute durch das Glas. Da kam ein Weiblein zu mir herbei und sagte leise: »Ja, Kind, wenn du das anschauen willst, so muss dir's auch jemand auslegen.« Und sie erklärte mir die kleinen Gestalten.

Ich sah die Dinge an. Außer der Mutter Maria, welche über den Kopf ein blaues Tuch geschlagen hatte, das bis zu den Füßen hinabging, waren alle Gestalten, welche Menschen vorstellen sollten, so gekleidet wie unsere Knechte oder wie ältere Bauern. Der heilige Joseph selbst trug grüne Strümpfe und eine kurze Gamslederhose.

Als das Te Deum zu Ende war, kam der Großknecht wieder, hob mich von dem Schemel, und wir setzten uns in einen Stuhl. Dann ging der Kirchenmann herum und zündete alle Kerzen an, die in der Kirche waren, und jeder Mensch, auch der Großknecht, zog nun ein Kerzlein aus dem Sack und zündete es an und klebte es vor sich auf das Pult. Jetzt war es so hell in der Kirche, dass man auch die vielen schönen Verzierungen an der Decke genau sehen konnte.

Auf dem Chor stimmte man Geigen und Trompeten und Pauken, und als an der Sakristeitür das Glöcklein klang, und der Pfarrer in funkelndem Messkleid, begleitet von Ministranten und rot bemäntelten Windlichtträgern, über den purpurroten Fußteppich zum Altare ging, da rauschte die Orgel in ihrem ganzen Vollklang, da wirbelten die Pauken und schmetterten die Trompeten. Weihrauch stieg auf und hüllte den ganzen lichterstrahlenden Hochaltar in einen Schleier. – So begann das Hochamt, und so strahlte und tönte und klang es um Mitternacht. Beim Offertorium waren alle Instrumente still, nur zwei helle Stimmen sangen ein liebliches Hirtenlied, und während des Benediktus jodelten eine Klarinette und zwei Flügelhörner langsam und leise den Wiegengesang. Während des Evangeliums und der Wandlung hörte man auf dem Chor den Kuckuck und die Nachtigall wie mitten im sonnigen Frühling.

Tief nahm ich sie auf in meine Seele, die wunderbare Herrlichkeit der Christnacht, aber ich jauchzte nicht auf vor Entzücken, ich blieb ernst, ruhig, ich fühlte die Weihe.

Aber während die Musik tönte, dachte ich an Vater und Mutter und Großmutter daheim. Die knien jetzt um den Tisch bei dem einzigen Kerzenlichtlein und beten, oder sie schlafen gar, und es ist finster in der Stube, und nur die Uhr geht, sonst ist es still, und es liegt eine tiefe Ruhe über den waldigen Bergen, und die Christnacht ist ausgebreitet über die ganze Welt.

Als endlich das Amt seinem Ende nahte, erloschen nach und nach die Kerzlein in den Stühlen, und der Kirchenmann ging wieder herum und dämpfte mit seinem Blechkäppchen an den Wänden und Bildern und Altären die Lichter aus. Die am Hochaltar brannten noch, als auf dem Chor der letzte freudenreiche Festmarsch erscholl und sich die Leute aus der weihrauchduftenden Kirche drängten.

Als wir in das Freie kamen, war es trotz des dichten Nebels, der sich von den Bergen niedergesenkt hatte, nicht mehr ganz so finster wie vor Mitternacht. Es musste der Mond aufgegangen sein; man zündete keine Fackeln mehr an. Es schlug ein Uhr, aber der Schulmeister läutete schon die Betglocke zum Christmorgen.

Ich warf noch einen Blick auf die Kirchenfenster; aller Festglanz war erloschen, ich sah nur mehr den matten, rötlichen Schimmer des Ewigen Lichtes.

Als ich mich dann wieder an den Rock des Großknechtes halten wollte, war der Knecht nicht mehr da, einige fremde Leute waren um mich, die miteinander sprachen und sich sofort auf den Heimweg machten. Mein Begleiter musste schon voraus sein; ich eilte ihm nach, lief schnell und an mehreren Leuten vorüber, auf dass ich ihn bald einhole. Ich lief, so sehr es meine kleinen Füße konnten, ich kam durch den finsteren Wald, und ich kam über Felder, über welche scharfer Wind blies, sodass ich, wie warm mir sonst war, von Nase und Ohren fast nichts mehr fühlte. Ich kam an Häusern und Baumgruppen vorüber, die Leute, die früher noch auf der Straße gegangen waren, verloren sich nach und nach, und ich war allein, und den Großknecht hatte ich noch immer nicht erreicht. Ich dachte, dass er auch hinter mir sein könne, doch ich beschloss, geradewegs nach Hause zu eilen. Auf der Straße lagen hie und da schwarze Punkte: die Kohlen der Spanfackeln, welche die Leute auf dem Kirchweg abgeschüttelt hatten. Die Gesträuche und Bäumchen, die neben dem Weg standen und unheimlich aus dem Nebel emportauchten, beschloss ich gar nicht anzusehen, ich fürchtete mich davor. Besonders in Angst war ich, sooft ein Pfad quer über die Straße ging, weil das ein Kreuzweg war, an dem in der Christnacht gern der Böse steht und klingende Schätze bei sich hat, um arme Menschenkinder dadurch mit sich zu locken. Der Stallknecht hatte zwar gesagt, er glaube nicht daran, aber geben musste es denn doch dergleichen Dinge, sonst könnten die Leute nicht so viel davon sprechen. – Ich war aufgeregt, ich wendete meine Augen nach allen Seiten, ob nicht irgendwo ein Gespenst auf mich zukomme. Endlich nahm ich mir vor, gar nicht mehr an solches Zeug zu denken, aber je fester ich das beschloss, desto mehr dachte ich daran.

Nun war ich zum Pfad gekommen, der mich von der Straße abwärts durch den Wald und in das Tal führen sollte. Ich bog ab und eilte unter den langästigen Bäumen dahin. Die Wipfel rauschten stark, und dann und wann fiel ein Schneeklumpen neben mir nieder. Stellenweise war es auch so finster, dass ich kaum die Stämme sah, wenn ich nicht an dieselben stieß, und dass ich den Pfad verlor. Letzteres war mir ziemlich gleichgültig, denn der Schnee war sehr seicht, auch war anfangs der Boden hübsch glatt; aber allmählich begann er steil und steiler zu werden, und unter dem Schnee war viel Gestrüpp und hohes Heidekraut. Die Baumstämme standen nicht mehr so regelmäßig, sondern zerstreut, manche schief hängend, manche mit aufgerissenen Wurzeln an anderen lehnend, manche mit wild und wirr aufragenden Ästen am Boden liegend. Das hatte ich nicht gesehen, als wir aufwärts gingen. Ich konnte oft kaum weiter, ich musste mich durch das Gesträuch und Geäst durchwinden. Oft brach der Schnee ein, das steife Heidekraut reichte mir bis zur Brust heran. Ich sah ein, dass ich den rechten Weg verloren hatte, aber war ich nur erst im Tal und beim Bach, dann ging ich diesen entlang aufwärts, und da musste ich endlich doch zur Mühle und zu unserer Wiese kommen.

Schneeschollen fielen mir in das Rocksäcklein, Schnee legte sich an die Höschen und Strümpfe, und das Wasser rann mir in die Schuhe hinab. Zuerst war ich durch das Klettern über das Gefälle und das Kriechen im Gesträuch müde geworden, aber nun war auch die Müdigkeit verschwunden; ich achtete nicht den Schnee, und ich achtete nicht das Heidekraut und Gesträuch, das mir oft rau über das Gesicht fuhr, sondern ich eilte weiter. Oft fiel ich zu Boden, aber ich raffte mich schnell auf. Auch alle Gespensterfurcht war weg; ich dachte an nichts als an das Tal und an unser Haus. Ich wusste nicht, wie lange ich mich so durch die Wildnis fortwand, aber ich fühlte mich kräftig und behändig, die Angst trieb mich vorwärts.

Plötzlich stand ich vor einem Abgrund. In dem Abgrund lag grauer Nebel, aus welchem einzelne Baumwipfel emportauchten. Um mich hatte sich der Wald gelichtet, über mir war es heiter, und am Himmel stand der Halbmond. Mir gegenüber und weiter im Hintergrund waren nichts als seltsame, kegelförmige Berge.

Unten in der Tiefe musste das Tal mit der Mühle sein; mir war, als hörte ich das Tosen des Baches, aber es war das Rauschen des Windes in den jenseitigen Wäldern. Ich ging rechts und links und suchte einen Fußsteig, der mich abwärts führte, und ich fand eine Stelle, an welcher ich mich durch Geröll, welches vom Schnee befreit dalag, und durch Wacholdergesträuche hinablassen zu können vermeinte. Das gelang mir auch eine Strecke, doch noch zur rechten Zeit hielt ich mich an eine Wurzel, fast wäre ich über eine senkrechte Wand gestürzt. Nun konnte ich nicht mehr vorwärts. Ich ließ mich aus Mattigkeit zu Boden. In der Tiefe lag der Nebel mit den schwarzen Baumwipfeln. Außer dem Rauschen des Windes in den Wäldern hörte ich nichts. Ich wusste nicht, wo ich war. – Wenn jetzt ein Reh käme, ich würde es fragen nach dem Weg, vielleicht könnte es ihn mir weisen, in der Christnacht reden ja Tiere menschliche Sprache!

Ich erhob mich, um wieder aufwärts zu klettern; ich machte das Geröll locker und kam nicht vorwärts. Mich schmerzten Hände und Füße. Nun stand ich still und rief, so laut ich konnte, nach dem Großknecht. Meine Stimme fiel von den Wäldern und Wänden lang gezogen und undeutlich zurück.

Dann hörte ich wieder nichts als das Rauschen des Windes.

Der Frost schnitt mir in die Glieder.

Nochmals rief ich mit aller Macht den Namen des Großknechtes. Wieder nichts als der lang gezogene Widerhall. Nun überkam mich eine fürchterliche Angst. Ich rief schnell hintereinander meine Eltern, meine Ahne, alle Knechte und Mägde unseres Hauses. Es war vergebens.

Nun begann ich kläglich zu weinen.

Bebend stand ich da, und mein Körper warf einen langen Schatten schräg abwärts über das nackte Gestein. Ich ging an der Wand hin und her, um mich etwas zu erwärmen, ich betete laut zum heiligen Christkind, dass es mich erlöse.

Der Mond stand hoch am dunklen Himmel.

Ich konnte nicht mehr weinen und beten, ich konnte mich auch kaum mehr bewegen, ich kauerte mich zitternd an einen Stein und dachte:

Nun will ich schlafen, das ist alles nur ein Traum, und wenn ich erwache, bin ich daheim oder im Himmel.

Da hörte ich plötzlich ein Knistern über mir im Wacholdergesträuch, und bald darauf fühlte ich, wie mich etwas berührte und emporhob. Ich wollte schreien, aber ich konnte nicht, die Stimme war wie eingefroren. Aus Furcht und Angst hielt ich die Augen fest geschlossen. Auch Hände und Füße waren mir wie gelähmt, ich konnte sie nicht bewegen. Mir war warm, und mir kam vor, als ob sich das ganze Gebirge mit mir wiegte. –

Als ich zu mir kam und erwachte, war noch Nacht, aber ich stand an der Tür meines Vaterhauses, und der Kettenhund bellte heftig. Eine Gestalt hatte mich auf den festgetretenen Schnee gleiten lassen, pochte dann mit dem Ellbogen gewaltig an die Tür und eilte davon. Ich hatte diese Gestalt erkannt – es war die Mooswaberl gewesen.

Die Tür ging auf, und die Ahne stürzte mit den Worten auf mich zu: »Jesus Christus, da ist er ja!«

Sie trug mich in die warme Stube, aber von dieser schnell wieder zurück in das Vorhaus; dort setzte sie mich auf einen Trog, eilte dann hinaus vor die Tür und machte durchdringliche Pfiffe.

Sie war ganz allein zu Hause. Als der Großknecht von der Kirche zurückgekommen war und mich daheim nicht gefunden hatte, und als auch die anderen Leute kamen und ich bei keinem war, gingen sie alle hinab in den Wald und in das Tal und jenseits hinauf zur Straße und nach allen Richtungen. Selbst die Mutter war mitgegangen und hatte überall, wo sie ging und stand, meinen Namen gerufen.

Nachdem die Ahne glaubte, dass es mir nicht mehr schädlich sein konnte, trug sie mich wieder in die warme Stube, und als sie mir die Schuhe und Strümpfe auszog, waren diese ganz zusammen- und fast an die Füße gefroren. Hierauf eilte sie nochmals ins Freie und machte wieder ein paar Pfiffe und brachte dann in einem Kübel Schnee herein und stellte mich mit bloßen Füßen in diesen Schnee. Als ich in dem Schnee stand, fühlte ich in den Zehen einen so heftigen Schmerz, dass ich stöhnte, aber die Ahne sagte: »Das ist schon gut, wenn du Schmerz hast, dann sind dir die Füße nicht erfroren.«

Bald darauf strahlte die Morgenröte durch das Fenster, und nun kamen nach und nach die Leute nach Hause, zuletzt aber der Vater, und zuallerletzt, als schon die rote Sonnenscheibe über der Wechselalpe aufging, und als die Ahne unzählige Male gepfiffen hatte, kam die Mutter. Sie ging an mein Bettlein, in welches ich gebracht worden war, und an welchem der Vater saß. Sie war ganz heiser.

Sie sagte, dass ich nun schlafen sollte, und verdeckte das Fenster mit einem Tuch, auf dass mir die Sonne nicht in das Gesicht scheine. Aber der Vater meinte, ich solle noch nicht schlafen, er wolle wissen, wie ich mich von dem Knecht entfernt habe, ohne dass er es merkte, und wo ich herumgelaufen sei? Ich erzählte sofort, wie ich den Pfad verloren hatte, wie ich in die Wildnis kam, und als ich von dem Mond und von den schwarzen Wäldern und von dem Windrauschen und von dem Felsenabgrund erzählte, da sagte der Vater halblaut zu meiner Mutter: »Weib, sagen wir Gott Lob und Dank, dass er da ist, er ist auf der Trollwand gewesen!«

Nach diesen Worten gab mir die Mutter einen Kuss auf die Wangen, wie sie nur selten tat, und dann hielt sie ihre Schürze vor das Gesicht und ging davon.

»Ja, du Donnersbub, und wie bist denn heimkommen?«, fragte mich der Vater. Darauf sagte ich, dass ich das nicht wisse, dass ich nach langem Schlafen und Wiegen auf einmal vor der Haustür gewesen und dass die Mooswaberl neben mir gestanden. Der Vater fragte mich noch einmal über diesen Umstand, aber ich antwortete, dass ich nichts Genaueres darüber sagen könne.

Nun sagte der Vater, dass er in die Kirche zum Hochgottesdienst gehe, weil heute der Christtag sei, und dass ich schlafen solle.

Ich muss darauf viele Stunden geschlafen haben, denn als ich erwachte, war draußen Dämmerung, und in der Stube war es fast finster. Neben meinem Bett saß die Ahne und nickte, von der Küche herein hörte ich das Prasseln des Herdfeuers.

Später, als die Leute beim Abendmahl saßen, war auch die Mooswaberl am Tisch.

Auf dem Kirchhof, über dem Grabhügel ihres Mannes, war sie während des Vormittagsgottesdienstes gekauert, da trat nach dem Hochamt mein Vater zu ihr hin und nahm sie mit in unser Haus. Über die nächtliche Begebenheit brachte man nicht mehr von ihr heraus, als dass sie im Wald das Christkind gesucht habe; dann ging sie einmal zu meinem Bett und sah mich an, und ich fürchtete mich vor ihren Blicken.

In dem hinteren Geschoss unseres Hauses war eine Kammer, in welcher nur altes, unbrauchbares Gerät und viel Spinngewebe war.

Diese Kammer gab mein Vater der Mooswaberl zur Wohnung und stellte ihr einen Ofen und ein Bett und einen Tisch hinein.

Und sie blieb bei uns. Oft strich sie noch in den Wäldern umher und brachte Moos heim, dann ging sie wieder hinaus zur Kirche und saß stundenlang auf dem Grabhügel ihres Mannes, von dem sie nicht mehr fortzuziehen vermochte in ihre ferne Gegend, in der sie wohl auch einsam und heimatlos gewesen wäre wie überall. Über ihre Verhältnisse war nichts Näheres zu erfahren, wir vermuteten, dass das Weib einst glücklich und sicher bei voller Vernunft gewesen war und dass der Schmerz über den Verlust des Gatten ihr den Verstand geraubt hatte.

Wir hatten sie alle lieb, weil sie ruhig und mit allem zufrieden lebte und niemandem das geringste Leid zufügte. Nur der Kettenhund wollte sie immer noch nicht sichern, der bellte und zerrte überaus heftig an der Kette, sooft sie über den Anger ging. Aber das war von dem Tiere anders gemeint; als einmal die Kette riss, stürzte der Hund auf das Weib zu, sprang ihm winselnd an die Brust und leckte ihm die Wangen.

Da kam einmal in den Spätherbsttagen, an welchen die Mooswaberl fast ununterbrochen auf dem Grabhügel saß, eine Zeit, in welcher unser Kettenhund, statt lustig zu bellen, stundenlang heulte, sodass meine Ahne, die indes schon mühselig geworden war, sagte: »Schau, jetzt wird in unserer Gegend herum bald einmal wer sterben, weil der Hund gar so heent (jammert, jault); tröste ihn Gott!«

Und nach kurzer Zeit wurde die Mooswaberl krank, und als die Winterszeit gekommen war, starb sie.

In ihren letzten Augenblicken hielt sie noch meinen Vater und meine Mutter an der Hand und sprach die Worte: »Vergelt's euch Gott zu tausend- und zu tausendmal, bis in den Himmel hinauf!«

Das Kreuz mit den Weihnachtsvorbereitungen
Karl-Heinrich Waggerl

Advent, sagt man, sei die stillste Zeit im Jahr. Aber bei uns daheim war es keineswegs die stillste Zeit. In diesen Wochen lief die Mutter mit hochroten Wangen herum, wie mit Sprengpulver geladen, und die Luft in der Küche war sozusagen geschwängert mit Ohrfeigen. Dabei roch die Mutter so unbeschreiblich gut, überhaupt ist ja der Advent die Zeit der köstlichen Gerüche. Es duftet nach Wachslichtern, nach angesengtem Reisig, nach Weihrauch und Bratäpfeln. Ich sage ja nichts gegen Lavendel und Rosenwasser, aber Vanille riecht schon auch gut, eigentlich viel besser, oder Zimt oder Mandeln.

Mich ereilten dann die qualvollen Stunden des Teigrührens. Vier Vaterunser das Fett, drei die Eier, ein ganzer Rosenkranz für Zucker und Mehl. Die Mutter hatte die Gewohnheit, alles Zeitliche in ihrer Kochkunst nach Vaterunsern zu bemessen, aber die mussten laut und sorgfältig gebetet werden, damit ich keine Gelegenheit fände, den Finger in den köstlichen Teig zu tauchen. Wenn ich nur erst den Bubenstrümpfen entwachsen wäre, schwor ich mir damals, dann wollte ich eine ganze Schüssel voll Kuchenteig aufessen, und die Köchin sollte beim geheizten Ofen stehen und mir dabei zuschauen müssen! Aber das ist einer von den Knabenträumen geblieben, die sich leider nie erfüllt haben.

Am Abend nach dem Essen wurde der Schmuck für den Christbaum erzeugt. Auch das war ein unheilvolles Geschäft. Damals konnte man noch ein Buch echten Blattgoldes für ein paar Kreuzer beim Krämer kaufen. Aber nun galt es, Nüsse in Leimwasser zu tauchen und ein hauchdünnes Goldhäutchen herumzublasen. Das Schwierige bei der Sache war, dass man vorher nirgendwo Luft von sich geben durfte. Wir saßen alle in der Runde und liefen blaurot an vor Atemnot, und dann geschah es eben doch, dass plötzlich jemand niesen musste. Im gleichen Augenblick segelte eine Wolke von glänzenden Schmetterlingen durch die Stube. Einerlei, wer den Zauber verschuldet hatte, das Kopfstück bekam jedenfalls ich, obwohl das nur bewirkte, dass sich der goldene Unsegen von Neuem in die Lüfte hob. Ich wurde dann in die Schlafkammer verbannt und musste Silberpapier um Lebkuchen wickeln – um gezählte Lebkuchen.

Guatl oder Glück
Barbara Haltmair

Unterm ganzen Backen hat die Mutter studiert, wo sie heuer die Büchse mit den Weihnachtsplätzchen verstecken könnte. So verstecken, dass sie die Kinder und der Mann nicht finden.

Weil ihr kein Platz sicher genug vorgekommen ist, ist sie unleidig geworden und hat die Blechschachtel mit den Anislaiberln, den Schokladbrezln und Spitzbubn einfach in die Speiskammer hinaus gestellt.

»Vo mi aus«, hat sie vor sich hin geschimpft, »fressn s' ois zamm, nachat haben s' hoit auf Weihnachtn nix mehr!«

Eine Woche ist herumgegangen, es hat nichts gefehlt. Nach der zweiten Woche auch noch nicht.

Sie hat es schon gespannt, dass die Familienmitglieder überall gesucht hätten nach dem gebackenen Zeug, aber auf das, dass es gar nicht versteckt gewesen ist, sind sie nicht gekommen.

»Desmoi host as aba guat voraamt ghabt«, haben sie zu Weihnachten alle gemeint. Nachher hätten sie noch wissen wollen, wo.

»Hätts grod d' Augn aufmacha braucha«, hat die Mutter gelacht, »san ja brettlbroat drauß gstana a da Speis!«

Bald hätten ihnen die Guatl nimmer geschmeckt.

Freilich, es ist schon bitter, wenn man es weiß, dass man grad den Arm ausstrecken, bloß die Hand zudrücken hätte brauchen und man hätte es gehabt, das, was man sucht. Guatl! Oder 's Glück! Und man hat's nicht getan.

Der Schaukelstuhl
Karl-Heinrich Waggerl

Für uns Kinder war es hergebracht, dass wir nichts schenken durften, was wir nicht selber gemacht hatten. Meine Schwester konnte sich leicht helfen, sie war ja immerhin ein Frauenzimmer und verstand sich auf die Strickerei oder sonst eine von diesen hexenhaften Weiberkünsten, die mir zeitlebens unheimlich gewesen sind. Einmal nun dachte auch ich etwas Besonderes zu tun. Ich wollte den Nähsessel der Mutter mit Kufen versehen und einen Schaukelstuhl daraus machen, damit sie ein wenig Kurzweil hätte, wenn sie am Fenster sitzen und meine Hosen flicken musste. Heimlich sägte ich also und hobelte in der Holzhütte, und es geriet mir alles vortrefflich. Auch der Vater lobte die Arbeit und meinte, es sei eine großartige Sache, wenn es uns nur auch gelänge, die Mutter in diesen Stuhl hineinzulocken.

Aber aufgeräumt, wie sie am Heiligen Abend war, tat sie mir wirklich den Gefallen. Ich wiegte sie, sanft zuerst und allmählich ein bisschen schneller, es schien ihr ausnehmend gut zu gefallen. Niemand merkte jedenfalls, dass die Mutter immer stiller und blasser wurde, bis sie plötzlich ihre Schürze an den Mund presste – es war durchaus kein Gelächter, was sie damit ersticken musste. Lieber, sagte sie hinterher, weit lieber wollte sie auf einem wilden Kamel durch die Wüste reiten, als noch einmal in diesem Stuhl zu sitzen kommen! Und tatsächlich, noch auf dem Weg zur Mette hatte sie einen glasigen Blick, etwas seltsam Wiegendes in ihrem Schritt.

Der Dorf-Philosoph
Günter Goepfert

Eigentlich hieß er Severin Stocker. Aber die Leute seiner Landgemeinde nannten ihn, wenn sie von ihm redeten, nur noch den »Philosophen«.

Dabei war der Severin alles andere als ein Gstudierter. Um es gleich vorwegzunehmen: er war der Dorfschuster. Er verstand sein Handwerk, das heißt, er konnte auch, wenn es gewünscht wurde, herrliche Berg- und Haferlschuhe anfertigen. Und keiner der Auftraggeber brauchte das je zu bereuen. Vorwiegend aber hatte er sich, wie das auf dem Lande üblich ist, als Flickschuster zu betätigen. Doch das war, bei aller Liebe, die er zu seinem Handwerk empfand, nur sein irdisches Fundament.

Überdies auch, wie er meinte, sein Beitrag der Menschheit auf ihrem steinigen Weg zu dienen. Sein Geist aber bewegte sich fast immer in höheren Regionen. Und wenn man die niedrige Werkstatt betrat und beim Öffnen der Tür einen Mechanismus betätigte, der einen melodischen Dreiklang auslöste, dann dauerte es meistens eine gute Weile, bis sich die Aufmerksamkeit des Meisters dem Kunden zuwendete. Eingeweihte wussten, dass er jeweils Mühe hatte, aus den elitären Gefilden auf die profane Erde herunterzusteigen. Und da war es schon ein besonderer Glücksfall, wenn der Herr Pfarrer, der Herr Doktor aus dem Nachbarort oder der Herr Lehrer sich als Gesprächs- und Diskussionspartner einfanden. Freilich, da ging es dann nicht nur um die großen Denker, sondern auch um Betrachtungen, wie sie dem Severin Stocker auf seinem Schusterschemel in den Sinn kamen.

Immer, wenn es auf Weihnachten zuging, bewegte ihn ein Thema ganz besonders. Und zwar ein Bekenntnis, das er als weltumspannend bezeichnete.

»Mit Christi Geburt«, so erklärte der Severin, »beginnt bekanntlich nicht nur das Neue Testament, sondern auch unsere Zeitrechnung. Einmütig orientiert man sich also nach dem bethlehemitischen Ereignis, und keinerlei Schwierigkeiten gibt es für Gläubige und Nichtgläubige, wenn es gilt, Jahreszahlen zu bestimmen. In schöner Solidarität stellt man das Jahr der Menschwerdung des Herrn in den Mittelpunkt. Auch wenn manche gottferne Wissenschaftler glauben, dies durch das Wort ›Zeitrechnung‹ ersetzten zu müssen, so schwingt dennoch unausgesprochen das altvertraute ›Christi Geburt‹ mit.«

Wieder einmal schickte es sich gerade im Advent, dass diesmal dem Severin der Herr Lehrer wie gerufen kam: denn während er ihm »aufs Warten« die Lieblingsschuhe reparierte, war er sich der Aufmerksamkeit seines Kunden sicher. Und da konnte dann der Meister wieder ungeniert alle Schubladen seiner Gedankenküche wie die Register einer Orgel ziehen und zum Tönen bringen. Natürlich stand in dieser späten Zeit im

Jahr die Geburt Christi im Mittelpunkt seiner Betrachtungen.

Sollte es denn wirklich unmöglich sein, meinte der Schuster, dass aus der gemeinsamen weihnachtlichen Schau und der Verehrung des Göttlichen nicht auch ein gemeinsamer Weg zum wirklichen und dauerhaften Frieden zwischen den Völkern und Religionen gefunden werden könnte? Wäre es denn eine Vermessenheit, wenn man sich mit aller Leidenschaft dafür einsetzte, dass die Waffenarsenale abgebaut, ja ganz verschwinden würden? Nein, und gar nie mehr dürfe es so weit kommen, dass die Kirchenglocken, wie schon so oft in der Geschichte der Menschheit geschehen, dem heiligen Klang entsagen und, eingeschmolzen und in teuflische Waffen verwandelt, Leid und Tod bringen würden. Denn wäre nicht gerade das Weihnachtsfest das beste Fundament, mit dem Frieden endlich wirklich Ernst zu machen, so Ernst zu machen, dass es auch im neuen Jahrtausend bei der Zeitrechnung »Christ Geburt« bleibt?

»Sollte es denn völlig unmöglich sein«, so fuhr Severin, sich ereifernd, fort, »dass sich nicht alle Menschen, gleichgültig welchen Glaubens, in eine alle Kontinente umspannende ›Religion der Liebe‹ vereinigen?«

Der Lehrer konnte auf diesen Monolog zunächst nur mit einem von tiefen Kummerfalten zerfurchten Gesicht und einem wenig Hoffnung verheißenden Kopfnicken reagieren. Als er dann schließlich mit reparierten Schuhen wieder festen Boden unter sich spürte, kam ihm der rettende Gedanke: »Meister Severin, diese Predigt müssen Sie unserem Herrn Hochwürden halten. Der dürfte dafür zuständiger sein!« Da aber blitzte es aus den Augen des Schusters. »Warum nicht gleich direkt nach Rom reisen!«, kam spontan der Einfall. »Zur Audienz nach Rom …!« Und nun hatte er wieder etwas, worüber er in der staaden Zeit ganz auf seine Art philosophieren konnte.

Nacht der Offenbarung
Karl-Heinrich Waggerl

Der Weihnachtsabend wäre nicht denkbar gewesen ohne ein feierliches Lied, wenn es auch natürlich nicht immer so gut geraten konnte wie in der ersten Heiligen Nacht, als die Engel vom Himmel herunter das Gloria sangen.

Sogar bei uns daheim, obwohl wir keine sehr musikalische Familie waren, stellten wir uns alle vor den brennenden Weihnachtskerzen auf, und dann stimmte die Mutter das Lied vom Tannenbaum an. Sie beklagte oft, dass wir so gar keine musikalische Familie waren, nur sie selber konnte gut singen, hinreißend schön für meine Begriffe, sie war ja auch in der Jugend Kellnerin gewesen. Gewöhnlich kamen wir mit unserem Lied nicht über eine Strophe hinaus. Schon bei den ersten Tönen fing meine Schwester aus übergroßer Ergriffenheit zu schluchzen an. Der Vater hielt ein paar Takte länger aus, bis er endlich merkte, dass das, was er zum Besten gab, gar nicht in dieses Lied gehörte, sondern in das andere von dem Kanonier auf der Wacht. Ich selber aber konnte in meinem verbohrten Grübeln, wieso denn eine Fichte ihrer grünen Blätter wegen gepriesen wurde, die zweite Stimme nicht halten. Daraufhin brachte die Mutter auch mich mit einer Kopfnuss zum Schweigen und sang das Lied als Solo zu Ende, wie sie es gleich hätte tun sollen.

Nachher, in der Christmette, durfte ich auf dem Chor die Orgel treten, wahrscheinlich, damit ich wenigstens bei dieser feierlichen Gelegenheit als Ministrant vor dem Altar kein Unheil stiften konnte. Ich nahm mein Amt sehr ernst, es geschah wirklich nur ganz selten, dass der Organist plötzlich wütend in die stummen Tasten hieb und an allen Registern riss, weil ich im andächtigen Lauschen versäumt hatte, ihm genügend Luft zu schaffen. Der Orgelbalg blieb leider auch später das einzige Instrument, das ich einigermaßen beherrschte, obwohl ich es als angehender Schulmeister eigentlich hätte weiter bringen müssen.

Heute liegt das alles weit zurück, aber die Christnacht ist noch immer voll von Geheimnissen, sie blieb die Nacht der Offenbarung. Im letzten Jahr ging ich auf dem Weg zur Mette am Bach entlang und fand da eine erfrorene Kuckucksblume. Unzählige Samenkörner rieselten mir in die Hand, und während ich sie wieder verstreute, dachte ich, wie tröstlich es doch ist, dass sich Gottvater nicht auch von den Errungenschaften der Wissenschaft anspornen oder gar erschrecken lässt, sondern dass er nach wie vor nur so altmodische Kuckucksblumensamen erzeugt. So gesehen ist der Advent keine trübe und traurige Zeit, sondern eine Zeit der Zuversicht und der gläubigen Hoffnung. Denn es ist kein Trost bei der Weisheit der Weisen und bei der Macht der Mächtigen. Denn der Herr kam nicht zur Welt, damit die Menschen stärker und klüger, sondern damit sie sanfter und gütiger würden. Und darum sind es allein die Kräfte des Herzens, die uns vielleicht noch einmal retten können.

Erfüllung
Helmut Zöpfl

Fragen wir uns einmal, was uns denn von all den Weihnachtsfesten, die wir selber miterlebt haben, am Meisten in Erinnerung geblieben ist. Ist es nicht für die meisten auch das Erlebnis der Gemeinschaft, der Geborgenheit gewesen, die Freude am Schenken und jene wie auch immer erfahrene Begegnung mit dem Wundersamen, das in jener Heilsnacht begann? Der Bestand des Weihnachtsfestes hängt wohl weniger von der Erfüllung eines jeden unserer Wünsche ab, wohl aber davon, dass wir bereit werden, uns wieder etwas mehr erfüllen zu lassen.

Wünsche eines Kindes
Helmut Zöpfl

Ich wünsch' mir einen langen Tag,
ganz ohne alle Uhren,
und auch Erwachsene, die nicht
stets auf Termine luren.
Ich wünsch' mir Papa mit viel Zeit
für mich und meine Fragen,
und dass Erwachsene nicht so oft
nur jammern oder klagen.
Ich wünsch' mir, dass man mich mal fragt,
warum ich manchmal weine.
Ich wünsch' mir, dass man mir mal sagt:
»Ich mag dich, meine Kleine!«
Ich wünsch' mir, dass man nicht stets mahnt:
»Nicht jetzt doch, denk an später!«
Ich wünsch' mir, dass ich ich sein darf
und nicht ein »man« und »jeder«.
Ich wünsch' mir Lehrer mit Humor
und solche, die gern lachen.
Dass ich nicht nur gescheit sein muss,
mal träumen darf im Wachen.
Frohe Gesichter um mich rum,
die nicht im Alter rosten.
Bekomm' die Wünsche ich erfüllt?
Wohl kaum, weil sie nichts kosten.

Perthes.   Jacobi.   Caroline Claudius, Rebekka u. Matthias   Graf Christian   Friedr. Leop.

ANKLÖPFELN GEHEN

Vom Weihnachtsbrauchtum

Meine glückliche Kindheit auf dem Lande brachte es auch mit sich, dass ich schnell mit unserem alpenländischen Brauchtum vertraut wurde.

So zogen wir schon als Kinder in der Vorweihnachtszeit singend und Sprücherl aufsagend als »Anklöpfler« von Hof zu Hof. Meistens gingen wir so um drei Uhr nachmittags los und kamen erst gegen zehn Uhr nachts wieder heim. Wir waren sicherlich nicht überall willkommen, aber die meisten Menschen waren sehr freundlich zu uns, bedankten sich und hatten auch immer ein paar Geschenke für uns, die wir in den mitgeführten Leinensack stecken konnten. Diese Wanderungen über Land waren meist sehr schön und stimmungsvoll, wenn es sternenklar war, oder der Mond uns sein Licht spendete, wenn es leicht geschneit hatte und man ab und zu ein paar Rehe oder einen Hasen erspähen konnte. Es kam aber auch vor, dass es einen heftigen Schneesturm gab, der uns die Wege verweht hatte, sodass wir nicht mehr wussten, in welche Richtung wir gehen mussten. Es ist aber Gott sei Dank immer glimpflich ausgegangen!

Gerhart Lippert

Barbarazweige
Helmut Zöpfl

Barbarazweige:
ein paar abgebrochene,
abgeschnittene Zweige,
dunkelbraun wie Besenreisig,
weg vom Baum,
vom Baum des Lebens,
der Saft gab und Halt.
Lächerlich, sie in ein Gefäß zu stellen,
mit Wasser gefüllt,
wirklich kein Schmuckstück fürs Zimmer.
Aber was geschieht?
Wasser, Wärme
erweckt das scheinbar tote Gehölz,
durch die schwarzbraune Rinde
drängt sich erstes Grün.
Das Leben setzt sich durch,
drängt, sprießt.
Frisches Leben lässt
in dem scheinbar Erstorbenen
Hoffnung auf die Kraft des Lebens blühen.

Eine Kerze anzünden
Helmut Zöpfl

Es schimpft sich recht leicht
übers Dunkel der Welt,
aber wer ist schon da,
der ein Licht hinausstellt,
eine Kerze anzündt
und die stockfinstre Nacht
ein kleins bisschen heller
und lichter so macht.

Unser erster Christbaum
Peter Rosegger

Es waren die ersten Weihnachtsferien meiner Studentenzeit. Wochenlang hatte ich schon die Tage, endlich die Stunden gezählt bis zum Morgen der Heimfahrt von Graz ins Alpel. Und als der Tag kam, da stürmte und stöberte es, dass mein Eisenbahnzug stecken blieb. Da stieg ich aus und ging zu Fuß, frisch und lustig, sechs Stunden lang durch das Tal, wo der Frost mir Nase und Ohren abschnitt, dass ich sie gar nicht mehr spürte. Durch den Bergwald hinauf, wo mir so warm wurde, dass die Ohren auf einmal wieder da waren und heißer als je im Sommer.

So kam ich, als es schon dämmerte, glücklich hinauf, wo das alte Haus, schimmernd durch Gestöber und Nebel, wie ein verschwommener Fleck stand, einsam mitten in der Schneewüste. Als ich eintrat, wie war die Stube so klein und niedrig und dunkel und warm – urheimlich.

In den Stadthäusern verliert man ja allen Maßstab für ein Waldbauernhaus. Aber man findet sich gleich hinein, wenn die Mutter den Ankömmling ohne alle Umstände so grüßt: »Na, weil d' nur da bist!«

Auf dem offenen Steinherd prasselte das Feuer, in der guten Stube wurde eine Kerze angezündet. »Mutter, nit!«, wehrte ich ab, »tut lieber das Spanlicht anzünden, das ist schöner.«

Sie tat's aber nicht. Das Kienspanlicht ist für die Werktage. Weil nach langer Abwesenheit der Sohn heimkam, war für die Mutter Feiertag geworden. Darum die festliche Kerze.

Als die Augen sich an das Halblicht gewöhnt hatten, sah ich auch das Nickerl, das achtjährige Brüderlein. Es war das jüngste und letzte. »Ausschauen tust gut!«, lobte die Mutter meine vom Gestöber geröteten Wangen.

Der kleine Nickerl aber sah blass aus. »Du hast ja die Stadtfarb, statt meiner!«, sagte ich und habe gelacht. Die Sache war so. Der Kleine tat husten, den halben Winter schon, und da war eine alte Hausmagd, die sagte es täglich wenigstens dreimal, dass für ein »hustendes Leut« nichts schlechter sei als »der kalte Luft«. Sie verbot es, dass der Kleine hinaus vor die Türe ging. Ich glaube, deshalb war er so blass, und nicht des Hustens halber.

In der dem Christfest vorhergehenden Nacht schlief ich wenig – etwas Seltenes in jenen Jahren. Die Mutter hatte mir auf dem Herde ein Bett gemacht mit der Weisung, die Beine nicht zu weit auszustrecken, sonst kämen sie in die Feuergrube, wo die Kohlen glosten. Die glosenden Kohlen waren gemütlich, das knisterte in der still finsteren Nacht so hübsch und warf manchmal einen leichten Glutschein an die Wand, wo in einem Gestelle die bunt bemalten Schüsseln lehnten. Da war ein Anliegen, über das ich schlüssig werden musste in dieser Nacht, ehe die Mutter an den Herd trat, um die Morgensuppe zu kochen. Ich hatte viel sprechen gehört davon, wie man in den Städten Weihnacht feiert. Da sollen sie ein Fichtenbäumchen, ein wirkliches kleines Bäumlein aus dem Wald, auf den Tisch stellen, an seinen Zweigen Kerzlein befestigen, sie anzünden, darunter sogar Geschenke für die Kinder hinlegen und sagen, das Christkind hätte es gebracht.

Nun hatte ich vor, meinem kleinen Bruder, dem Nickerl, einen Christbaum zu errichten. Aber alles im Geheimen, das gehört dazu. Nachdem es soweit Taglicht geworden war, ging ich in den frostigen Nebel hinaus. Und just dieser Nebel schützte mich vor den Blicken der ums Haus herum arbeitenden Leute, als ich vom Walde her mit einem Fichtenwipfelchen gegen die Wagenhütte lief.

Dann ward es Abend. Die Gesindleute waren noch in den Ställen beschäftigt oder in den Kammern, wo sie sich nach der Sitte des Heiligen Abends die Köpfe wuschen und ihr Festgewand herrichteten. Die Mutter in der Küche buk die Christtagskrapfen, und der Vater mit dem kleinen Nickerl besegnete den Hof. Hatte nämlich der Vater in einem Gefäß glühende Kohlen, hatte auf dieselben Weihrauch gestreut und ging damit durch alle Räume des Hofes, um sie zu beräuchern und dabei schweigend zu beten. Es sollten böse Geister vertrieben und gute ins Haus gesegnet werden.

Dieweilen also die Leute draußen zu tun hatten, bereitete ich in der großen Stube den Christbaum. Das Bäumchen, das im Scheite stak, stellte ich auf den Tisch. Dann schnitt ich vom Wachsstock zehn oder zwölf Kerzchen und klebte sie an die Ästlein. Unterhalb, am Fuße des Bäumchens, legte ich einen Wecken hin.

Da hörte ich über der Stube auf dem Dachboden auch schon Tritte – langsame und trippelnde. Sie waren schon da und segneten den Bodenraum. Bald würden sie in der Stube sein, mit der wir den Rauchgang zu beschließen pflegten. Ich zündete die Kerzen an und versteckte mich hinter dem Ofen.

Die Tür ging auf, sie traten herein mit ihren Weihgefäßen und standen still. »Was ist denn das?«, sagte der Vater mit leiser, lang gezogener Stimme. Der Kleine starrte sprachlos drein. In seinen großen, runden Augen spiegelten sich wie Sternlein die Christbaumlichter. – Der Vater schritt langsam zur Küchentür und flüsterte hinaus: »Mutter, hast du das gemacht?«

»Maria und Josef!«, hauchte die Mutter, »was lauter habens denn da auf den Tisch getan?« Bald kamen auch die Knechte und die Mägde herbei, hell erschrocken über die seltsame Erscheinung. Da vermutete einer, ein Junge, der aus dem Tal war: Es könnte ein Christbaum sein …

Sollte es denn wirklich wahr sein, dass Engel solche Bäumlein vom Himmel bringen? – Sie schauten und staunten. Und aus des Vaters Gefäß qualmte der Weihrauch und erfüllte schon die ganze Stube, sodass es war wie ein zarter Schleier, der sich über das brennende Bäumchen legte.

Die Mutter suchte mit den Augen in der Stube herum: »Wo ist denn der Peter?«

Da erachtete ich es an der Zeit, aus dem Ofenwinkel hervorzutreten. Den kleinen Nickerl, der immer noch sprachlos und unbeweglich war, nahm ich an den kühlen Händchen und führte ihn vor den Tisch. Fast sträubte er sich. Aber ich sagte – selber tief feierlich gestimmt – zu ihm: »Tu dich nicht fürchten, Brüderl! Schau, das lieb Christkindl hat dir einen Christbaum gebracht. Der ist dein.« Und da hub der Kleine an zu wiehern vor Freude und Rührung, und die Hände hielt er gefaltet wie in der Kirche. – Öfter als vierzigmal seither habe ich den Christbaum erlebt, mit mächtigem Glanz, mit reichen Gaben und freudigem Jubel unter Großen und Kleinen. Aber größere Christbaumfreude, ja eine so helle Freude hab ich noch nicht gesehen, als jene meines kleinen Brüderlein Nickerl – dem es so plötzlich und wundersam vor Augen trat –, ein Zeichen dessen, der da vom Himmel kam.

Die schönste Tanne
Alfred Landmesser

Kurz vor Weihnachten geben einige Gemeinden ihren Bürgern Gelegenheit, sich für das Fest einen Weihnachtsbaum im Wald zu schlagen. Und da sie nun die Menschen Jahr um Jahr an den gleichen Platz schicken, stehen da schließlich nur noch verkrüppelte Bäume herum.

Entweder sind es lange schiefe oder kleine schiefe. Schiefe sind es auf jeden Fall. Außerdem sie entweder so klein, dass sie im Christbaumständer verschwinden, oder aber so groß, dass man sie zur Hälfte absägen muss. Das sieht auch nicht besonders feierlich aus.

Mein Onkel Alfred wohnt in solch einem Dörfchen mit Waldbestand und ist ein Geizhals der schlimmsten Sorte. So kauft er seine Winterkartoffeln erst, wenn sie halb verschrumpelt sind. Dann sind sie leichter und er hat zahlenmäßig mehr auf den Zentner.

Folglich war er neulich auch der Erste, als die Bäume im Wald geschlagen werden durften. Aber wie es nicht anders zu erwarten war, hat selbst er keinen brauchbaren Weihnachtsbaum.

Weihnachtswunsch
Helmut Zöpfl

Liebes Christkind,
zum Weihnachtsfest wünsch' ich von dir
mir Hefte, Block und Schreibpapier
und viele Stifte auch sodann,
weil ich damit viel machen kann,
zum Beispiel schreiben, zeichnen, malen
Bilder und Buchstaben und Zahlen.
Und einen großen Wunsch ich hätt':
So eine Tafel, die wär' nett,
wo man mit Griffel schreiben kann
und abwischen das Ganze dann.
Es wär' sehr schön, bekäm' ich das,
denn Schreiben, Malen macht mir Spaß.
Ich sag' schon Danke im Voraus,
dir, liebes Christkind, Dein Klaus.
Und diesen Wunsch ans Christkindlein
Tippt Klaus dem Heimcomputer ein.

Lieber, guter Nikolaus
Helmut Zöpfl

Lieber, guter Nikolaus,
such mir schöne Sachen aus
aus dem Kaufhaus-Katalog
mit dem Weihnachtsangebot!
Bring mir doch ein Video,
Videos, die lieb ich so!
Denn ich kann, sooft ich will
den Bud Spencer, Terence Hill
sehen, wie sie prügeln, raufen,
Whisky trinken, sich besaufen.
Und natürlich, bitte sehr,
möcht' ich von der Art noch mehr:
Batman, Rambo, eins und zwei,
und natürlich nebenbei
Trickfilme, ganz viel zum Lachen,
weil sie lust'ge Dinge machen,
all die Tiere und Figuren,
welche alle nur drauf luren,
dass sie töten, um sich bringen,
sich vergiften, sich verschlingen,
runterschmeißen, platt sich drücken,
sich zerstückeln, beißen, zwicken,
sich bestehlen immerzu.
Richtig fröhlich geht's dort zu.
Bring mir auch Computerspiele,
doch nicht eins nur, sondern viele,
denn da kann ich selbst mitmachen,
lass' es aufeinanderkrachen,

kann erschießen, bombardieren,
alles Leben ausradieren.
Und erst wenn sich nichts mehr regt,
nicht's Gringste mehr bewegt,
ist das nette Spielen aus.
Bring mir, lieber Nikolaus,
Spiele, die mein Herz erfreun,
ich will weiter artig sein.
Darum nimm auch nicht, ich bitt',
zu mir den Knecht Ruprecht mit,
denn der ist ein rauer Mann,
der mich sehr erschrecken kann,
wenn er mit den Ketten klirrt,
weil mir da ganz bange wird.
Ich hab' Angst vor der Gestalt,
denn ich hasse die Gewalt.
Nikolaus, ich bin bestimmt
ein braves, friedliebendes Kind.
Also, lieber Nikolaus,
bring Fried und Freude in mein Haus!

Die Krippe
Helmut Zöpfl

Da saß er nun wieder in seinem Dienstwagen und raste von dem Adventsnachmittag im Altenheim zu der vorabendlichen Weihnachtsfeier im Landratsamt. Vier Termine musste er heute noch wahrnehmen. Man muss sich ja als Politiker sehen lassen und sein Grußwort an die Leute richten. Womöglich ist der von der Gegenpartei auch da und wird einem die Schau stehlen. Es gehört schon zu den Merkwürdigkeiten unserer Zeit, dachte er sich, dass man ausgerechnet die Zeit der größten Hetze die »staade« Zeit nennt. Wahrscheinlich wäre das heilige Paar, wenn es heute leben würde, in diesen Tagen nicht auf der Flucht vor Herodes, sondern vor den ganzen Weihnachtsvorbereitungen.

Heiliges Paar. Da fiel ihm ein, dass er ja heuer ein Kripperl besorgen wollte. Die Kinder hatten sich eines gewünscht, weil das alte, das ohnehin schon etwas ramponiert gewesen war, als man es im Januar wieder auf den Speicher tragen wollte, heruntergefallen war und die meisten Figuren ihre größeren oder kleineren Schwächen davongetragen hatten. Wie's der Zufall wollte, bekam er just an diesem Nachmittag von der Leiterin des Altenclubs, der Rosa Varenzki, einen der prächtigen Heiligen Drei Könige geschenkt, den sie selbst in mühseliger Kleinarbeit mit herrlichen Kleidern ausgestattet hatte. Da kam ihm eine Idee: Wie wär's denn, wenn er bei seinen vielen Verpflichtungen die Augen und Ohren aufhalten und an der einen oder anderen Stelle diese oder jene Figur besorgen würde?

Als er dann am nächsten Samstagnachmittag den Ottloher Christkindlmarkt mit ein paar Grußworten eröffnete, erstand er tatsächlich am Missionsstand einen holzgeschnitzten Elefanten für den einen der Heiligen Drei Könige. Bei der Einweihung der Berufsschule zeigte er besonders Interesse an einem von den Schülern hergestellten Kripperl, und dem Schulleiter war es eine große Ehre, ihm dasselbe als Präsent zu überreichen. Und so ging's weiter: ein paar kleine, von den Grundschulkindern aus Ton hergestellte Schafe, beim Verein für Schäferhunde eine Kleinausgabe eines Wachhundes für die Lämmlein und Schäflein usw. usf.. Einheitlich waren sie ja nun nicht, die Figuren, aber vielleicht war das gerade das Besondere an dieser Krippe! Da und dort machte er sich schon Gedanken über diese Art von Kurzfeiern. Hatten früher nur die großen Vereinigungen und Vereine ihre eigenen Advents- und Weihnachtsfeiern gehabt, so war es inzwischen Mode geworden, dass von jedem Großverein auch noch die Untervereine ihr eigenes adventliches Zusammensein abhielten, dass es sich kein kleiner Ort in seinem Landkreis mehr leisten konnte, auf das Adventsingen zu verzichten, dass also das reinste »Adventerts« ausgebrochen war.

Äußerst unterschiedlich waren sie ja, diese adventlichen oder weihnachtlichen Feiern. Häufig verbarg sich hinter ihnen ein bloßes Essen und Trinken, oder dass irgendjemand aus der Firma ein paar nichtssagende Worte über den Jahresabschluss sprach. Da gab's aber dann auch Weihnachtsfeiern, die eher einem Faschingsball glichen, mit Tombola, Christbaumversteigerung und Tanzmusik, natürlich auch ein paar besinnlichere Veranstaltungen, in denen einige renommierte Gruppen ein paar Hirtenlieder vortrugen oder von den Freuden des Winters, dem Ski- und Schlittenfahren und dem Eisstockschießen, pax hurra dax, ein Lied erschallen ließen. Und er musste überall etwas sagen, auch wenn er gar nicht genau wusste, um welche Art Publikum es sich handelte. Das war deshalb nicht sehr leicht, denn man musste ja der Pluralität Genüge tun, dem Sankt Pluralismus, dem wohl einzigen Heiligen, auf den sich unsere Gesellschaft geeinigt hat, Tribut zollen. Dabei ist das Entscheidende, dass man niemandem weh tut, keine Weltanschauung verletzt, denn auch wenn die Veranstaltung Weihnachtsabend oder –nachmittag heißt, kann man es sich natürlich nicht leisten, etwas Weihnachtliches zu sagen, es könnten ja genügend dabei sein, die von dieser Sache nichts mehr halten. Aber er wäre kein Politiker gewesen, wenn er nicht auch für solche Reden eine gewisse Routine entwickelt hätte.

Ein bisserl was über die Winterzeit, ein wenig was vom Brauchtum und auch ein paar Worte über Soziales, und die Liebe kann natürlich nicht schaden, da hat man immer recht, da stößt man nie damit an.

So liefen auch in diesem Jahr wieder seine Veranstaltungen ab. Heuer machten sie ihm sogar ein bisschen mehr Freude als im vorigen Jahr, weil er, wie gesagt, nebenbei immer Ausschau hielt, wie er seine Kripperlmannschaft vervollständigen könnte. Seiner Frau und den Kindern hatte er schon versprochen, dass es heuer eine kleine Überraschung unterm Christbaum geben werde. Endlich war es soweit. Am Heiligen Abend musste er zwar noch am Mittag eine kleine Feier in seinem eigenen Amt abhalten, aber dann begann er am späten Nachmittag den Christbaum aufzustellen.

Voller Freude holte er Kripperl und Figuren aus der Kiste, die er versteckt gehalten hatte. Ganz schön schwer war sie geworden, und was da alles drinnen war! Es bereitete ihm immer mehr Freude, das alles aufzubauen, was er geschenkt bekommen oder auch erstanden hatte. Prächtig schaute sie aus, die Schar der Hirten mit ihren verschiedenen Tieren; ein richtiger Tierpark war zusammengekommen, wenn man die Gefolge der Heiligen Drei Könige anschaute. Eigentlich waren es ja nicht nur drei Könige, sondern eine ganze Reihe von königlichen Gestalten.

Besonders schön war das geschnitzte Heilige Paar anzuschauen, dass er in der Holzschnitzerschule erstanden hatte, wo er an einem Adventsabend den Leiter ehren musste. Mein Gott, die Zeit, dachte er, die Kinder wollen doch endlich die Bescherung anschauen! Schnell legte er noch die übrigen Geschenke für seine zwei Kinder und seine Frau unter den Christbaum. Das Prächtigste aber war wohl das bunt zusammengewürfelte Kripperl. Da würden die Kinder staunen!

Endlich war es soweit. Er zündete die Kerzen an und entfachte einige Sternwerfer, griff zur Glocke, und schon kam seine Frau mit den Kindern an der Hand herein. Als Erstes stürzten sie sich auf die prächtige Krippe mit ihrer bunten Menschen- und Tierschar. Ein Oh und ein Ah und ein Ui kam über ihre Lippen. Der kleine Peter kniete sich hin und betrachtete jede Figur ganz genau. Auf einmal schaute er seinen Vater groß an: »Du Papa«, meinte er, »schau einmal, da fehlt doch etwas!« Was sollte denn da noch fehlen, wo er sich bei seinen Besorgungen doch so viel Mühe gegeben hatte? Aber er schaute genauer hin. Jetzt sah er es: Er hatte das vergessen, was Advent und Weihnachten seinen Sinn verleiht: Das Kripperl im Stall war leer. Das Christkind hatte er über den Weihnachtstrubel ganz vergessen.

Die Sitte des Schenkens
Karl-Heinrich Waggerl

Einer unter den Weihnachtsbräuchen, und eigentlich der freundlichste von allen, ist mir selber nach und nach zu einem Alpdruck geworden, nämlich die Sitte des Schenkens. Nicht, dass ich etwa ein Ausbund an Geiz und Habsucht wäre, aber in jedem Jahr stelle ich eine umständliche Rechnung an, weil ich mir nicht erklären kann, wie es zugeht, dass jedermann so viel schenken muss und selber so wenig bekommt. Bei uns daheim war die Sache nicht weiter schwierig. Der Vater fand jedes Mal ein Paar gestrickte Hausschuhe unter dem Baum, völlig ahnungslos natürlich, er wusste es nur immer so einzurichten, dass die alten Pantoffeln erst am Heiligen Abend ihre Sohlen verloren. Der Mutter hingegen wurde ihr blaues Schürzenzeug überreicht, in zahllosen Schachteln verschnürt, und dann hörten wir alle geduldig einen Weile ihr Gejammer an – wie leichtsinnig es sei, so viel Geld für sie auszugeben.

Weihnachtsrechnung
Helmut Zöpfl

Also da sans ja, meine Gschenke im Quellekatalog.
398 Mark hat er kost, der Anzug.
As Hemmad 32,80.
De Krawattn 19,70.
Der Pullover 99,80. Ja so was!
Wo is'n de Uhr? Da is' ja, 249 Mark.
Rasierwasser, Pre- und After-Shave –
mitanand 29 Mark gradaus.
Na wars ses aa scho.
Porto und Versand san ja bekanntlich gratis.
Macht also: 828,30.
Dagegn steht meinerseits
A Kostüm für 349,00,
a Kettn für 245,80,
der Ring für 152,70
und der Armreif für 218,30.
Des san dann 966,80,
und abzüglich de Prozente, wo i kriag, 831,20.
Da schau her, des kimmt ja fast hi.
Und wega dene 3 Mark 10,
wo i mehra ausgebn hab,
möchte i aa net so kleinlich sei.
Mia habn ja schließlich Weihnachten.
Und da schenkt ma von Herzen.

Geschenkideen
Helmut Zöpfl

»Jeds Jahr desselbe um de Weihnachtszeit rum.
Jeds Jahr desselbe, des is doch zu dumm.
Mia fallt nix'n ei, so sehr i nachdenk,
was i des Jahr meiner Frau wieder schenk.«
»Ja kauf ihr doch einfach an Schmuck, a Kettn, an Ring.
A Brosch mit Brillanten, a wertvolles Ding!«
»An Schmuck, wo daadsn den hi dann ja mei,
de hat doch koan Finger, koa Handglenk mehr frei!«
»Wia waars mit am Buid aus der Kunstgalerie?«
»A Buidl, ja mei, wo hängtsn des hi?«
»Wia waars mit am Pelzmantel, teuer und toll?«
»Ah mei, bei ihr is doch wirklich a jeder Schrank voll.«
»Dann stift ihr a Reise an irgend an Ort!«
»An welchen, de war doch schon überall dort,
an jedem bsondern Punkt auf der Welt.«
»Na woaß i fei nix mehr. Doch gib ihr a Geld!«
»Bloß einfach a Geld daad ma ztiafst widerstrebn,
und außerdem wollt i so vui aa net ausgebn.«

Das perfekte Spuizeug
Helmut Zöpfl

Jeds Jahr beim Gschenkakauf
halt i mi am längstn im Spuizeugladn auf.
Was' da jetzt alls gibt, was ma da jetzt alls siegt:
Puppn, die redn und essn kenna
und, ohne dass d'as aufziagst,
im Zimma rumrenna,
Auterl, de in a Rennbahn rumfahrn,
Karusseller, de vollautomatisch se drahn.
A Fliager, der ganz von selber fliagt
und, ohne dass d'irgendwas duast,
de Reibn richtig kriagt,
a elektrischer Zug, der rumroast wie gschmiert.
Alls is perfekt, alls funktioniert.
Wanns d'bloß auf an Knopf druckst,
geht alls von alloa,
und as Kind, des hats schee,
braucht gar nix mehr doa.
Es lasst dem perfekten Spuizeug sein Wiun ...
und ko dann derweil mit irgendwas was spuin.

Geschenke
Helmut Zöpfl

Naa, mir schenken heuer nix, mir schenken uns schon lange Zeit nix mehr.« »Mir wär's schön genug. Heutzutag hat doch sowieso schon jeder alles.« »Also da hast an Kaufhauskatalog, da darfst dir ankreuzen, wasd' dir heuer vom Christkindl wünscht. Mach's aber rechtzeitig, sonst kommt die Lieferung nimmer vor Weihnachten an, die haben doch immer solche Engpässe.« »Mei, bin ich froh, wenn Weihnachten vorbei ist, dieses Umherrennen wegen der blöden Schenkerei. Von mir aus könnt Weihnachten abgeschafft werden …«

Viele solcher und ähnlicher Sätze kann man jetzt, schon einige Wochen vor der Weihnachtszeit, hören. In der Tat »tüpfelt« der eine oder andere sogar aus, was er möglicherweise von einem Anverwandten oder Bekannten geschenkt bekommt, und berechnet beim Geschenkeeinkauf genau, dass er ihm ja nicht zu wenig, aber auch nicht zu viel zurückschenkt. Das Wort »Schenken« ist also immer mehr mit einem hörbaren oder unhörbaren Seufzer verbunden. Es ist zu einem leidigen Muss geworden, einem von vielen ungeliebten Brauch. Also Schenken ganz abschaffen und Weihnachten nur mehr von seinem ursprünglichen Sinn sehen?

Ob man, bei aller Konzentration auf das Eigentliche, so rigide mit dem Schenken verfahren sollte? Dazu habe ich eben viel zu schöne Erinnerungen an Geschenke und Schenken, auch um die Weihnachtszeit herum. Richtiger wäre wohl, dass wir hin und wieder ein wenig innehalten und über das Wort Schenken und Geschenk etwas mehr nachdächten. Vielleicht kommen wir schon ein wenig weiter, wenn wir uns auf Geschenke besinnen, die uns besondere Freude gemacht haben. Lassen wir sie einmal in unserer Erinnerung vor unserem geistigen Auge nochmals erstehen.

Selbstverständlich war für den, der die Kriegsund Nachkriegsjahre miterlebt hat, eigentlich fast alles, was man auf Weihnachten geschenkt bekommen hat, etwas Großartiges! Eingetauschtes, etwas selber Angefertigtes, ein ganz einfaches Spielzeug usw. Das Wenigste konnte man damals nämlich kaufen. Geschenke müssen also beileibe nichts mit finanziellem Wert zu tun haben, auch wenn das heute manchmal so ausschauen mag. Sie sind schlichterweise etwas Besonders, aber auch etwas, um das sich der Schenkende bemüht hat. Schenken bedeutet eben nicht, Anonymes an einen Anonymen zu transferieren. Freut man sich nicht am meisten über ein Geschenk, wenn man merkt, dass sich der Schenkende Mühe gemacht hat, auf meine Individualität, auf meine ganz spezifischen Wünsche einzugehen?

Natürlich gibt es aber auch eine ganze Reihe Geschenke, die nichts »kosten« und die wirkliche

Geschenke sind, zum Beispiel, dem anderen Zeit zu schenken, ihm zuzuhören, auf ihn einzugehen, miteinander zu spielen. Man kann aber auch Freude schenken. Das kann wiederum heißen, dass man sich Zeit nimmt, miteinander fröhlich zu sein, dass man dem anderen etwas Nettes sagt, ihn annimmt, oder ihn zumindest einmal freundlich anschaut, dass man jemandem etwas Lustiges erzählt, ihn aufmuntert, den ersten Schritt auf den andern zu macht, der oft eine ganze Menge von Selbstüberwindung erfordern kann.

Besonders Geschenke kommen also immer irgendwie aus der Liebe. Das heißt aber, dass man ein wenig von seiner Ich-Bezogenheit, seinem Egoismus weggeht. Man schenkt vielleicht sogar etwas, das einem selber lieb war, man verzichtet auf etwas. Man weicht von seiner Bequemlichkeit oder eingefahrenen Gewohnheit ab, indem man auf den anderen zugeht, auf ihn eingeht.

Geschenke sind wohl da am schönsten, wo sie auch überraschen. Auch deshalb finde ich es so traurig, wenn Kinder sich schon von vornherein alles aussuchen können, anprobieren, durchprobieren, was sie dann beispielsweise unter dem Christbaum wiederfinden. Da bin ich wohl immer ein wenig Romantiker geblieben und habe nie vor Weihnachten nach dem oder den Geschenken, die für mich bestimmt waren, gesucht. Gehört nicht auch die Vorfreude, das Ahnen, aber Nicht-genau-Wissen, irgendwie zu diesem Geschenk?

Weihnachten ist nun die Zeit, in der man sich an das wohl größte Geschenk erinnern sollte: dass sich uns Gott geschenkt hat, dass er weggegangen ist, auf uns zugegangen ist, arm geworden ist im Wissen, dass er sich sogar für uns aufopfern werde. Durch die Geburt des Erlösers wurde uns Leben geschenkt. Und so meine ich, dass Weihnachten nach wie vor ein Fest ist, an dem wir allen Grund zur Freude, ja sogar zum Jubel haben. So wie das in so vielen schönen Weihnachtsliedern zum Ausdruck kommt, wie in dem schönen alten Lied von Nikolaus Hermann: »Lobt Gott, ihr Christen allzu gleich, in seinem höchsten Thron, der heut' schließt auf sein Himmelreich und schenkt uns seinen Sohn.«

Die Sänger und ihre Lieder
August Hartmann

Im Kreise der ländlichen Familie verkürzten die Weihnachtslieder die langen Winterabende, besonders im Advent, in den Stunden vor der Christmette und bis zum Feste der Erscheinung des Herrn oder der drei Könige. Vater und Mutter sangen sie den Kindern vor, welche dieselben später auf nachfolgende Geschlechter vererbten. Es war üblich, dass solche Lieder von umherwandernden Personen vor und in den Häusern angestimmt wurden. Man nennt den Brauch das »Ansingen«, »Anklöpfeln«, »Klöckeln«, »Sternsingen«, »Raunachtsingen«.

Freilich, bereits die ältesten Nachrichten sind – Verbote; letztere wiederholen sich dann später vielfach und dauern bis zur Gegenwart fort. Man ist aber zu weit gegangen, indem man von Seiten der Behörden einfach als »Unfug« und »Bettelei« einen Brauch zu unterdrücken suchte, der sich einer wohlwollenderen Betrachtung vielmehr als Ausdruck von Gemüht und Sinnigkeit im Volke darstellt. Viele Lieder sprechen wohl in dieser Hinsicht für sich selbst. Auch gedenkt man es noch an manchem Orte, wie dort jenes »Ansingen« einst eine würdige Form hatte.

So geschah es zu Otterfing (bei Holzkirchen in Oberbayern) durch lauter verheiratete Männer, meist die geachtetsten Hausväter. Feierlich, in ihrer sonntäglichen Kirchentracht, zu welcher besonders die langen Mäntel gehörten, zogen sie mit einem schön gearbeiteten, erleuchteten Stern von Hof zu Hof und sagen das uralte, episch gesehnte »Heilign-Dreiküni-G'sang«. Das gesammelte Geld wurde ausschließlich für die Pfarrkirche verwendet, zu Ausbesserungen, Anschaffung von Geräten u. dgl. Der Stern war das Jahr über in der Kirche aufgestellt, wo man ihn noch jetzt sehen kann.

An vielen mir bekannten Orten zogen mit dem Stern die Kirchensänger umher, welche in den hierbei gesammelten Gaben das einzige Honorar für ihre das ganze Jahr geleisteten Dienste erhielten. So schreibt mir ein Freund über die Kirchensänger in der hochgelegenen Bergknappengemeinde Au bei Berchtesgaden: »Sie waren verpflichtet, an Sonn- und Feiertagen auf dem Chor zu singen. Dafür musste ihnen jede Familie zu Weihnachten 18 – 24 Kreuzer entrichten. Diese holten sie selbst ab. Am Stephanstage um zwölf Uhr traten sie mit langen Stöcken die Rundreise an. Täglich wurde in 8 – 9 Häusern gesungen, zuerst stehend das hl. Dreiköniglied; dann am Tische sitzend fünf bis sechs Lieder; dann endlich der Dank wieder stehend.« Hierbei suchten sie jedes Jahr ein neues Lied zu bringen, wie mir der letzte daselbst noch lebende Sternsinger, ein achtzigjähriger Bergknappe (Eyßel) erzählte.

Außer den Kirchensängern gingen noch manche andere, junge und alte Personen »in's Ansingen«.

Es war eine nachbarliche Begrüßung und Kurzweil, eine ebenso heitere als erbauliche Sache. Viele angesehene und wohlhabende Bürgers- und Bauersleute gestanden mir offen, wie sie früher selbst, freilich meist vermummt, zum »Klöpfeln« oder »Ansingen« ausgezogen seien. Dass ärmere Leute auch den Erwerb durch das Singen nicht verschmähten, ist erklärlich, so die Salzach-Schiffleute von Laufen, welche im Sommer einen guten Verdienst hatten, im Winter aber frieren mussten.

Wer will es vollends der darbenden Armut so sehr verargen, wenn sie, auf die Weihnachtsstimmung bauend, beim Begüterten um ein Scherflein anklopft, das über die Bedrängnisse der härtesten Jahreszeit wenigstens einigermaßen hinweghelfen kann? Wo solche Leutchen durch wirklich hübsche Gesänge auch etwas zu bieten suchten, da möchte ich nicht einmal von einer bloßen Bettelei sprechen. Führwahr, fände sich ein Brauch von derselben Art bei einem fremden Volke, dann würde der gebildete Deutsche diese poetische Bettelei »reizend« nennen.

Der Landmann empfängt die Besuche von Ansingern meist mit gutem Humor. Zu großer Freude gereicht es der Jugend, wenn durch die stille Nacht die lieblichen, geheimnisvollen Klänge wie aus einer anderen Welt herübertönen. Nach einem schönen Volksglauben ist es für das Haus ein Glück, wenn recht viele »Anklöpfler« sich melden. Es gibt dann ein gutes Jahr.

Noch aber haben wir eine dritte und besonders merkwürdige Verwendung der volkstümlichen Hirten- und Dreiköniglieder zu nennen. Man trug sie nicht nur im häuslichen Kreise und beim Ansingen vor, sondern sang sie auch in der Kirche, und zwar gilt dies gerade von manchen Liedern, die im Dialekt und im heitersten Tone abgefasst sind ...

Oft wurde mir von Landleuten erzählt, die Hirtenlieder habe man zu der Zeit in der Dorfkirche gesungen, »als noch keine Orgel da war«. Damals wurde der Kirchengesang großenteils durch ganz schlichte Leute aus der Gemeinde versehen. Diese, eben die sogenannten Kirchensinger, bildeten eine Art Schule, in welcher nicht nur bestimmte alte Liederweisen und Liedertexte, sondern auch altertümliche und eigenartige Sängerbräuche sich forterbten.

Die deutschen Lieder, welche die Kirchensinger auf dem Chore vortrugen, waren – nach Aussage alter Leute – sehr einfach und dem Volke verständlich. Ein ganz besonderes Privilegium aber in Bezug auf volkstümliche Lieder genoss die Weihnachtzeit und namentlich die Christmette. Da ertönten in der Kirche halbdramatisch Hirtengedichte, welche nicht nur in der echtesten Mundart, sondern auch in einem sprudelnden, oft kühnen Humor sich ergingen. Die alten und jungen Kirchensinger, welche sie zur Aufführung brachten, haben auch viele derselben verfasst. Es galt für sie als eine Ehrensache, in jeder Christmette außer mehreren älteren Hirtenliedern auch wenigstens ein neu gedichtetes oder doch in dieser Pfarre nie gehörtes vorzutragen (mündlich aus Au bei Berchtesgaden). Ein Kunstdichter dürfte wohl seinen ländlichen Kollegen beneiden, dessen schlichtes Werk unter so hochpoetischen Umständen in die Öffentlichkeit trat: in der heiligen Nacht, angesichts eines der höchsten religiösen Akte und selbst mit einer welterlösenden Botschaft als Inhalt, vor der aus Tal und Höhen zusammengeströmten, atemlos lauschenden Gemeinde!

Was den Humor unserer Lieder betrifft, so möchte ich hervorheben, dass in denselben ja nicht das Heilige verspottet wird. Vielmehr zielt die Satire auf die eigene menschliche Unvollkommenheit gegenüber einer göttlichen Erscheinung und Offenbarung. »Die heilige Vergangenheit«, sagt Weinhold, »wird zur unmittelbaren Gegenwart. Das Volk sieht sich selbst in jenen Hirten, und die Kinder begrüßen in dem Heiland ein Kind. Vertraulicher Ton, selbst ein Scherz vermählt sich der Andacht, ohne dass eine unstatthafte Verbindung entstünde; die Göttlichkeit wird nicht durch kindliche Lust beeinträchtigt.«

Was den poetischen Wert der Weihnachtslieder des Volkes anbelangt, so geht es mit diesen harmlosen Erzeugnissen, wie mit den Gedichten unserer verehrlichen Herren Stadtpoeten. Von den Schöpfungen der Letzteren meint die böse Welt, dass sie nicht alle unsterblich seien.

Ähnlich auf dem Lande. Die Zahl der volkstümlichen Weihnachtslieder ist sehr groß, was schon aus der angeführten ehemals herrschenden Sitte, jährlich neue zu bringen, sich erklärt. Doch stehen neben vielen sinnreichen und anmutigen Gedichten noch mehr schwache.

Der Silbenfall in den Versen ist oft genug holprig. Ich muss aber daran erinnern, dass nach einer feststehenden Regel unserer süddeutschen mundartlichen Volksdichtung die Silben nicht notwendig, wie im Hochdeutschen, nach ihrem natürlichen Gewicht verwendet, sondern, je nach Bedürfnis, auch einfach gezählt werden. Silben, welche in Prosa unbetont sind, werden dem Rhythmus zuliebe hervorgehoben, und umgekehrt werden Tonsilben an tonlose Stellen gerückt.

Lob verdienen in den Weihnachtsliedern des Volkes die oft recht kunstfertigen Reimgefüge mit ihrer Abwechslung von längeren und kürzeren Versen. Sie sind beinahe in jedem Gedicht anders gebaut, innerhalb ein und desselben Stückes aber meist für alle Strophen mit Sorgfalt gleichmäßig durchgeführt.

Die Handschriften, durch Landleute geschrieben und meist auf den abgelegeneren Siedlungen zerstreut, lassen sich nur mit großer Mühe noch ausfindig machen. Bisweilen werden sie von den Besitzern, die sie für besonders wertvoll halten, vor dem nachforschenden Sammler verleugnet. Weit häufiger aber gehen sie in Folge von Missachtung zu Grunde. In einem Bauernhause in Feldwies am Chiemsee fand ich einmal das prachtvolle Weihnachtsliederbuch eines alten »Singers«. Meine Zeit reichte damals nur hin, die ersten Lieder abzuschreiben. Als ich nach einem Jahre wiederkehrte und das Übrige durchnehmen wollte, hatte die Tochter des Verstorbenen das Büchlein im Herdfeuer verbrannt! Ein anderes Mal hörte ich von einem besonders alten Weihnachtlieder-Manuskript im Besitz eines Bauern zu Ellbach bei Tölz. Ich reiste hin und fand das Liederbuch in den Händen der lieben Kleinen, denen man es zum Spiele gegeben. Sie hatten alle Blätter außer dem Inhaltsverzeichnis zerrissen und die Stückchen in den Wein gestreut. – Sehr anhänglich an die alten Lieder, die er nicht mehr singen durfte, und betrübt über ihre Missachtung war ein ehemaliger Kirchensinger, der Fotzer zu Auffach in der Wildschönau (Tirol). Als er um das Jahr 1860 starb, verordnete er, dass man die Liederbücher im Sarge als Kissen unter sein Haupt legen und mit ihm begraben solle. Und so geschah es.

Noch schwerer als die Texte sind gegenwärtig die Singweisen zu erlangen. In meiner früheren Arbeit »Weihnachtlied und Weihnachtspiel in Oberbayern« (1875) hatte ich mit Bedauern darauf verzichten müssen, Melodien zu geben, da ich leider selbst nicht im Stande bin, solche aufzuzeichnen. Mehrere Versuche mit befreundeten Musikern waren misslungen. Endlich hatte ich das Glück, in der Person meines verehrten

nunmehrigen Mitherausgebers, des Herrn Ober-
lehrers und Bezirksschulinspectors Hyacinth
Abele, dahier einen trefflichen Bundesgenossen
zu finden, wie ich ihn immer gewünscht hatte, einen Musiker, welcher Liebe und Verständ-
nis für das echte Volkslied ebenso wie Kenntnis
desselben schon zu dem Werke mitbrachte. Auf
zahlreichen gemeinschaftlichen Ausflügen während sieben Jahren sammelten wir das musikalische Material ... Diese Reisen werden immer
zu meinen angenehmsten Erinnerungen zählen.
Oft hätten wir beide gewünscht, dass als Dritter
im Bunde ein Maler bei uns gewesen wäre, um
für dieses Buch die charakteristischen Gestalten
der Sänger, die kernigen der Greise und Männer, die frischen und leiblichen der Jünglinge
und Mädchen zu zeichnen.

Der Pappkarton
Karin Jäckel

Es war Ende November. »Morgen«, sagte die Lehrerin, »darf jeder seinen Adventskalender in die Schule mitbringen. Wir hängen sie an unsere Merkwand und feiern jeden Tag in der ersten Stunde ein wenig Advent.«

Über diese Idee freuten sich alle und brachten am nächsten Tag ihre Kalender mit. Die meisten hatten einen gekauften mit Schokoladenfigürchen hinter den Türen. Margit besaß einen aus gefüllten Tüten mit Goldbuchstaben, den hatte die Oma gebastelt. Und Elisa war mächtig stolz auf ihr Stickbild mit den Goldringen, an denen 24 Nikolausstiefel hingen. Lothar aber hatte nur einen leeren Schuhkarton bei sich.

»Was willst du denn damit?«, fragte die Lehrerin erstaunt. »Hast du denn keinen Adventskalender?«

»Doch, da drin«, sagte Lothar und tat, als hörte er die anderen nicht kichern.

Der Dezember kam. »Heute öffnen wir unser erstes Türchen«, gab die Lehrerin morgens bekannt.

Die anderen stürmten zur Merkwand, wo ihre Kalender hingen. Lothar aber nahm sein Federmesser heraus und ritzte ein Türchen in die Rückseite des Schuhkartons. Als er es öffnete, sahen alle, dass dahinter ein blaues Seidenpapier klebte. Licht fiel hindurch. Es sah aus wie ein Stück Himmel.

»Heute klebe ich einen Stern hinein«, sagte Lothar und schnitt ein Lochmusterdecken aus einem Schnipsel Löschpapier.

Die anderen sahen ihm eine Weile zu.

»Willst du einen Selbstklebestern?«, fragte Anna plötzlich und legte ihren Schokoladenfliegenpilz beiseite.

»Danke«, antwortete Lothar und betrachtete den kleinen Stern aus Löschpapier vor dem blauen Himmelsstück. »Morgen vielleicht.«

Am nächsten Schultag brachte Sebastian einen Schuhkarton mit. Ein Türchen hatte er schon hineingeschnitten und ein paar Strohhalme in die Öffnung geklebt. »Für die Tiere im Stall«, sagte er und hing den Karton neben Lothars.

Es dauerte gar nicht lange, da waren die gekauften Adventskalender verschwunden. Stattdessen hingen größere, mittlere, alle Arten Schuhkartons daran, aus denen täglich hübschere Adventskalender wurden.

»Zum Schluss«, sagte Lothar und klebte eine Mutter Gottes in das 22. Türchen, »stellen wir ein Teelicht hinein und machen Laternen daraus. Die sollen dem Christkind in der Krippe leuchten.«

UND FRIEDE DEN MENSCHEN

Weihnachtsfeste in schwerer Zeit

Das Weihnachtsfest des Jahres 1944 werde ich so schnell nicht vergessen. In diesem Winter war ich schwer an Tuberkulose erkrankt und musste fünf lange Monate im Sanatorium liegen. Auch über Weihnachten durfte ich damals nicht nach Hause. Das Heimweh war für mich Sechsjährigen gerade an den Feiertagen mindestens so schlimm wie die Krankheit selbst. Aber auch das habe ich schließlich überstanden und wurde geheilt entlassen.

Kurz danach hatte ich nochmals Riesenglück. Knapp vor Kriegsende im Mai 1945 donnerten immer wieder britische Kampfflugzeuge über unser Dorf. Eines Tages half ich unserer alten Nachbarin beim Holzhacken vor ihrem Bauernhaus, als plötzlich ein Tiefflieger kam. Ich sehe es heute noch ganz deutlich vor mir: ein junges Gesicht hinter der Scheibe der Kanzel, Pilotenmütze und auf der Stirn die Fliegerbrille. Er blickte freundlich zu uns herunter und flog davon. – Keine Maschinengewehrsalve, keine Feindschaft, nur das Lächeln eines vermeintlichen Feindes, der im Grunde ein lieber Mensch war.

Am Geburtstag meines Bruders Karl, am 3. Mai, kamen die Amerikaner in unser Dorf, und der sinnlose Krieg war endlich vorbei.

Die Weihnachtszeit 1945 war dann in vieler Hinsicht eine Freudenzeit. Meine Mutter zauberte in der Küche mit fast nichts köstliche Weihnachtsplätzchen und einige Christstollen, und ich schnitt mit der Handsäge im »Holzschupfn«

Brennholz für den Eisenofen im Weihnachtszimmer. Meine liebste Aufgabe aber war, im tief verschneiten Wald einen geeigneten Christbaum zu fällen und dann voller Stolz nach Hause zu tragen. Am Heiligen Abend stand er dann, von meinem Vater wunderschön geschmückt, im Wohnzimmer.

Meine Mutter setzte sich an ihren Flügel – den gleichen übrigens, der heute noch bei uns im Haus steht –, und wir sangen viele Weihnachtslieder. Ach ja, Geschenke gab es auch, zum Beispiel eine Strickjacke, Wollhandschuhe und Socken, alles von meiner Mutter in Handarbeit erstellt. Von meinem Vater bekam ich ein wunderschönes Steckenpferd, das er natürlich genauso selbst angefertigt hatte. Ich schenkte meiner Mutter einen Nähkasten aus Holz, den ich unter Anleitung meines Vaters in seiner Werkstatt gebastelt hatte.

Ja, die handwerklichen Fähigkeiten meines Vaters – es gab eigentlich nichts, was er nicht konnte – habe ich immer bewundert und bei ihm viel für mein weiteres Leben lernen können.

Gerhart Lippert

Stille Nacht
Georg Unterbuchner

O stille Nacht der Sterne,
wie bist du hold und schön,
wir schauen froh dein Leuchten,
da wir im Dunkeln gehen.

Wir knieen stumm danieder
vor Gottes Angesicht,
gib du in unsre Herzen
der Liebe helles Licht.

O zeig dich voll Erbarmen
der Welt in Zank und Streit,
und neige dich den Armen
in ihrem tiefen Leid.

O stille Nacht der Sterne,
so traulich hold und schön,
schenk du uns deinen Frieden,
lass uns den Heiland sehn.

Weihnachtserinnerungen
Helmut Zöpfl

Obwohl die ersten Jahre noch in den schrecklichen Zweiten Weltkrieg fielen, sind die Erinnerungen an die Heiligabende meiner Kindheit allesamt wunderschön. An vieles, auch wenn es noch ganz früh war, kann ich mich gut erinnern. Denn während mein Kurzzeitgedächtnis inzwischen schon ein bisschen nachlässt, sind mir viele Erlebnisse und Eindrücke, die lange Zeit zurückliegen, heute noch gegenwärtig.

Mein Vater, der im Krieg in Frankreich stationiert war, schaffte es immer wieder, am Heiligen Abend daheim zu sein. Die Vorfreude auf sein Kommen machte schon einen großen Teil meines Weihnachtsglückes aus. Obwohl es in dieser Zeit wirklich nicht leicht war, gelang es meinen Eltern immer irgendwie, meine Christkindlbrief-Bitte zu erfüllen. Dazu muss allerdings gesagt werden, dass die Christkindlbriefe zur damaligen Zeit wohl etwas bescheidener in ihren Ansprüchen waren als heute.

Die letzten Tage vor dem Heiligen Abend waren voll Spannung und Vorfreude, die durch irgendwelche Zeichen vom Christkind beziehungsweise seinen »Englein« genährt wurden. In der Regel war das eine goldene oder silberne Nuss, die ich morgens an allen möglichen Stellen der Wohnung entdecken konnte.

Die Bescherung wurde bis in meine spätesten Kinderjahre damit eingeleitet, dass das Christkindlein mit einer Glocke bimmelte, die wir heute noch zu Hause haben, und die jetzt traditionsgemäß von mir betätigt wird. Im Übrigen hat es sich mein Vater bis zu seinem Tod nicht nehmen lassen, ganz alleine den Christbaum herzurichten. In den späten Jahren ärgerten ihn dabei am meisten die elektrischen Kerzen, die sich trotz sorgfältiger Aufbewahrung nach einem für alle Zeiten geheimnisvollen Gesetz (das aus der Feder des Autors Murphey – »Warum alles schief geht, was schief gehen kann« – stammen könnte) alle Jahre wieder zu einem entsetzlichen Knoten verwirrten.

Wie schrecklich war es für mich, dass fast all die schönen Dinge, die ich im Lauf der Jahre zu Weihnachten bekommen hatte, bei einem Bombenangriff auf unsere Münchner Wohnung zerstört wurden! Ich hatte nur ein paar Kleinigkeiten in unsere winzige Wohnung in Erding, wohin wir evakuiert waren, gerettet.

An drei Weihnachtsgeschenke, die dann alle in meine Erdinger Zeit fielen, erinnere ich mich noch besonders. Das erste war eine große Schreibtafel, die ich erhielt, als ich schon in der ersten Klasse war, und mit der ich dann natürlich besonders schön Lehrer spielen konnte. Mein Schüler war der Ferdinand, ein ganz lieber geistig behinderter junger Mann, der Bruder unseres Vermieters. Endlos, aber ohne größeren Erfolg ließ ich ihn Sätze aus den Buchstaben, die

134

ich schon beherrschte, auf- und hersagen: »Mimi und Hans fangen den Ball« oder »Susi ist im Haus«.

In der zweiten Klasse entdeckte ich dann – ich weiß eigentlich bis heute nicht mehr, wie und wo – meine Liebe zu den Sternen. Ein Bekannter meines Vaters nannte mir damals den Beruf des Sternforschers und einige Jahre antwortete ich immer, wenn ich gefragt wurde, was ich einmal werden möchte, mit: »ein Astronom«. Weil ich inzwischen schon recht gut lesen konnte, wünschte ich mir auf Weihnachten sehnlich ein Buch über Sterne. Bis heute weiß ich nicht, wie meine Eltern diesem ausgefallenen Wunsch entsprechen konnten, aber ich erinnere mich noch ganz genau, was ich jubelnd unter dem Christbaum entdeckte: ein kleines, dunkelblaues Büchlein mit Sternbildern auf der Titelseite. Obwohl ich mir den Berufswunsch des Astronomen nicht erfüllen konnte, denn dazu wäre meine mathematische und physikalische Begabung wohl doch zu dürftig gewesen, bin ich diesem Interesse bis heute treu geblieben und lese – immer noch eifriger – die so faszinierende Literatur aus diesem Sektor.

Als ich schon in der dritten Klasse war, durfte ich mit meinem Vater ein Fußballspiel besuchen. Dieses Spiel begeisterte mich so, dass es mein größter Wunsch war, selber einen solchen Lederball zu besitzen. Einen Fußball zu bekommen, war aber in der Zeit gleich nach dem Krieg absolut illusorisch. Meine Eltern haben mir später erzählt, wie sehr sie sich bemühten, dennoch etwas Ähnliches zu beschaffen. Leider ganz und gar vergeblich. Daher versuchten sie meinen Christkindlbriefwunsch – ich schrieb sogar noch in der dritten Klasse ans Christkindl – etwas zu manipulieren und meinten, dass ja auch Schlittschuhe etwas recht Schönes wären. So schrieb ich dann, allerdings ohne größere innere Überzeugung, »Schlittschuhe« auf meinen Brief. Diese lagen dann tatsächlich unter dem Christbaum. Es waren jene »Eisrutscher«, die man noch mit einem Schraubendreher am Schuh befestigen musste. Am ersten Weihnachtsfeiertag, es hatte gerade gefroren, habe ich sie gleich ausprobiert. Dabei hat es mich aber ein paar Mal so unsanft auf mein Hinterteil geschmissen, dass ich keine rechte Freude an diesem Sportgerät finden konnte.

Wer beschreibt unser Erstaunen, als wir am zweiten Weihnachtsfeiertag bei einem Spaziergang in der »Langen Zeile« in Erding in dem gerade entstandenen Tauschgeschäft einen uralten Fußball im Fenster liegen sahen! Ganz schüchtern habe ich meine Eltern gefragt: »Meint ihr, dass das Christkindl bös ist, wenn ich versuch die Schlittschuhe gegen den Fußball umzutauschen?«

Als mir meine Eltern versicherten, dass das sicher auch im Sinne des Christkindls wäre, bin ich am ersten Werktag nach dem Fest in aller Früh mit meiner Mutter gleich hingestürzt und wir haben den Tausch vollzogen.

Der Fußball hatte nur den Nachteil, dass er keine »Blase« hatte. Damals wurden Fußbälle noch mit einem Lederband verschlossen und ihr Herzstück bildete eine Gummiblase. Obwohl ich wochenlang tagtäglich in dem Tauschgeschäft nachfragte, gab es nie die Möglichkeit, eine solche »Bladern« einzutauschen. Mein Vater versuchte zunächst irgendein Konstrukt aus einem alten Fahrradschlauch, das allerdings völlig danebenging. Auch der Versuch, mit einer »Saubladern«, einer Schweinsblase, die »Füllung« vorzunehmen, missglückte. Erst einige Monate später schaffte es mein Vater, von dem Gesellen unseres Erdinger Friseurs (wiederum durch geschickte Tauschagitation) eine zwar schon mehrmals geflickte, aber doch noch einigermaßen verwendbare Blase zu bekommen.

Als wir dann wieder nach München umzogen, hat mir der Fußball großartige Integrationsdienste erwiesen. Denn auf den umliegenden Wiesen war ich sehr schnell – ohne dass ich eine herausragende fußballerische Begabung war – ein gefragter Spieler und durfte sogar bald bei dem renommierten Spielwiesenclub, der sich in der Anlage des Eichendorffplatzes gebildet hatte, dem »FC Eichendorff«, als Torwart mitspielen.

Natürlich weiß ich, dass Weihnachten mehr ist als Beschenktwerden. Aber man darf auch nicht übersehen, dass Geschenke etwas Wunderbares darstellen und als bunte Freudenspender wie Leuchttürme aus unserer Kindheit herüberblinken. Irgendwie haben diese drei besonderen Geschenke auch mein Leben mitgestaltet.

Da ist zunächst einmal die Tafel. Vielleicht habe ich damals meine besondere Liebe zum Lehrerberuf entdeckt. Und auch wenn ich heute in der Lehrerausbildung tätig bin, sehe ich mich doch nach wie vor als Lehrer, manchmal sogar noch als derjenige, der dem Ferdinand vergeblich das Alphabet beizubringen versucht.

Dass mich die Sterne jetzt nach wie vor beschäftigen, habe ich schon erwähnt. Die Suche nach dem Woher, aber auch das Staunen über die Großartigkeit der Schöpfung mit ihren unermesslichen Weiten und die Einsicht in die eigene Winzigkeit und Begrenztheit des Wissens haben mich bei meinem wissenschaftlichen Denken und Wirken immer begleitet.

Und dann ist schließlich der Fußball als ein ganz belebendes Moment in meinem Leben geblieben. Auch wenn inzwischen diverse Abnutzungserscheinungen meine Beweglichkeit immer mehr einschränken, habe ich mir dennoch bis heute meine Spielfreude bewahrt und kann sagen, dass ich Sport und Spiel immer als große Bereicherung meines Lebens empfunden habe und empfinde. Sollte sich mein Bewegungsradius noch weiter, möglicherweise sogar bis auf das Terrain eines Telefonhäuschens, reduzieren, komme ich dennoch sicher auch in Zukunft ohne virtuelle Spiele oder irgendwelche Computerspiele ganz gut aus. Denn anstatt auf die Taste zu drücken, kann ich wohl bis ins höhere Alter meine Gedanken spielen lassen. So wie ich das gerade hier versucht habe.

Lass leuchten dein Licht
Helmut Zöpfl

Aus dem Dunkeln kann werden,
kann das nur gedeihn,
was geweckt wird vom Licht.
Nur Licht lässt uns sein,
Licht, das ist Leben.
Ohne Licht wäre nichts,
alles, was ist,
lebt von Gnaden des Lichts.

Du schufst einst das Licht,
und die Nacht wurde hell,
du ließt leuchten den Stern
und schicktest den Quell,
den Quell uns des Lebens
in der Heiligen Nacht,
der Rettung und Heil
in die Welt hat gebracht.

Er sprach: »Ich bin Licht«,
und der Blinde konnt' sehn.
Er sprach: »Ich bin Leben«,
und Tote erstehn.

Er gibt uns die Hoffnung,
er baut uns den Steg,
er spannt uns die Brücke,
er zeigt uns den Weg.

Sein Wort, das ist Leben,
er ist unser Hirt,
der uns aus dem Dunkel
der Finsternis führt.

Lass leuchten dein Licht,
lass dein Wort uns verstehn,
lass, was auch immer geschieht,
deine Gnade uns sehn.

Frieden
Helmut Zöpfl

Wenn wir an Frieden denken,
denken wir daran,
andere zu befrieden?
Selbstzufrieden zu sein?
Über den Frieden zu diskutieren?
Für den Frieden auf die Barrikaden zu gehen?
Für den Frieden zu kämpfen?
Den inneren Frieden zu sichern?
Einen Streit zu beenden
und das erste gute Wort zu finden?
Aber was soll's:
Lasst uns doch mit dem Gerede
um den Frieden
endlich in Frieden!

Wie viel redet man vom Frieden,
aber was geschieht?
Krieg und Streit, wohin wir blicken,
stets das alte Lied.

Damit es nicht nur bleibt beim Reden,
kümmern wir uns drum,
schaun wir uns in unserer Nähe
nach dem Nächsten um.

Gnaden bringende Weihnachtszeit
Helmut Zöpfl

Es gehört zu den vielen Merkwürdigkeiten unserer Zeit, dass Advent und Weihnachten auf den ersten Blick noch nie so lange und intensiv gefeiert wurden wie heute. Schon Wochen vorher werden Schokoladennikoläuse, Adventskränze und Christbaumschmuck angeboten, die Reklame verkündet vornehmlich unseren Kindern schon fast seit Mitte Oktober, was sie alles auf ihren Weihnachtswunschzettel zu schreiben haben. Und jeder freie Platz unserer Stadt, aber auch schon fast jedes kleineren Ortes ist voll von Buden irgendeines Christkindlmarktes.

Wer dann genauer hinschaut, entdeckt freilich, dass der Sinngehalt von Advent und Weihnachten, aber auch des Nikolausfestes kaum mehr vorhanden oder völlig pervertiert ist. Wie gerne erinnere ich mich noch jener einfachen Adventskalender, die man nach dem Krieg wieder erhalten konnte, in denen beim Aufmachen irgendein schönes, lustiges Bild war. Man hat sich im Voraus schon auf den nächsten Tag und dieses harmlose Bildchen gefreut. Dann kamen die Adventskalender, in denen Geschenke oder Süßigkeiten enthalten waren. Heute sind unter anderem Adventskalender auf den Markt gekommen, in denen vier Wochen lang jeden Tag ein neues Playmate, eine Schönheit aus dem »Playboy«, sich hinter dem Türchen verbirgt.

»Jedem Tierchen sein Pläsierchen«, möchte ich sagen. Aber dass man die Begriffe Weihnacht und Advent dazu benutzt, Artikel aus Beate Uhses Sexshop auch noch in die Nähe jenes Heilsereignisses zu rücken, lässt schon allmählich die Frage nach dem guten Geschmack aufkommen.

Ähnlich geht es mir mit manchen Weihnachtsfeiern, die mit dem Heilsereignis jener Nacht nichts mehr gemein haben. Wenn allerdings laut einer statistischen Erhebung bereits etwa acht Prozent der Bürger unserer Bundesrepublik Deutschland das Weihnachtsfest für ein Märchen der Brüder Grimm halten, wundert einen langsam nichts mehr. Da sind dann auch zentrale Wörter der Heilsgeschichte entweder sinnentleert oder überhaupt unbekannt. Eines dieser Wörter ist mit Sicherheit das der »Gnade«.

Wie viele vornehmlich jüngere Menschen können sich nämlich noch etwas vorstellen, wenn von der »Gnaden bringenden« Weihnachtszeit gesungen wird? Und was bedeutet das, wenn man (sofern man das überhaupt noch tut) betet: »Gegrüßest seist du, Maria, voll der Gnade ...«? Wenn es hoch kommt, erinnert man sich vielleicht noch an seinen Geschichtsunterricht, an die Kaiser »von Gottes Gnaden«, kennt noch den Spruch »Gnade vor Recht ergehen lassen«, verbindet noch etwas mit dem Zeitwort »begnadigen« oder dem Adjektiv »gnädig«.

Vielleicht hat das Wort Gnade seine Bedeutung verloren in einer Zeit, in der man mehr an den Fortschritt als an Gott glaubt und der Überzeugung ist, »der Fortschritt wird's schon richten«, alles würde mit der Zeit machbar und herstellbar. Außerdem, auch das ist eine Ideologie unserer Tage, gibt es ja den Staat und das soziale Netz und alle möglichen Instanzen, die für uns zu sorgen haben. Auf das alles haben wir mehr oder weniger Anspruch und wir sind nicht auf die Gnade anderer oder eines anderen angewiesen. Allenfalls in Grenzsituationen, dann, wenn unser Leben bedroht ist, geht dem einen oder anderen ein Licht auf, wie viel wirklich »von Gnaden« ist.

Nun ist es halt so, dass man nur, wenn es einem schlecht geht, merkt, wie man auf »Gnad und Verderb« ausgeliefert sein kann, und wie notwendig im wahrsten Sinne des Wortes es sein kann, dass man sich an jemanden wendet, der die Not lindern oder in der Not Beistand sein kann, an einen gütigen und gnädigen Gott, der, ohne dass er uns etwas schuldet, von sich aus seine Hand nach uns ausstreckt.

Nur ein wenig gesunde Selbsteinschätzung müsste uns eigentlich zeigen, wie wenig wir im Endeffekt vermögen, und was wir eigentlich sind. Ich habe die Frage, was wir denn sind, in Gedichtform gestellt:

A Blume, die kaum
dass' erst blüht, schon verblüht,
a Fünkerl, a kleins,
das im Windhauch verglüht,
a bisserl a Menschsein,
a Wachsn, a Werden,
a bisserl a Leben
und a bisserl a Sterbn,
a Stäuberl
am Mantel der Ewigkeit dro':
Was samma denn scho'?

A wengerl a Unruh,
a wengerl a Sorgn,
a Wandern, a kurz's,
zwischen gestern und morgn,
vom Dunkeln ins Helle,
ins Leben 'nei' a Schritt
und vom Hellen ins Dunkle
der Schritt wieder zrück,
dahin, wo man nie mehr
zrückkomma ko':
Was samma denn scho'?

A bisserl a Hoffen,
a bisserl a Freud,
a bisserl a Angst
und a bisserl a Leid,
a bisserl
a Daseindürfen herübn,
a bisserl a Warten,

a Ausschaugn nach drübn,
a bisserl a Abschiednehmen
dann no':
Was samma denn scho'?

Ja, was sind wir denn schon? Ein Stäubchen am Mantel der Ewigkeit. Wer nicht an einer grenzenlosen Selbstüberschätzung leidet, muss dieses Ausschauen nach dem Heil, dieses adventliche Warten auf jemanden, der die Güte und die Gnade hat, uns zu retten, mit der grundsätzlichen, dem Wesen des Menschen entsprechenden Haltung betrachten. Ein altes Adventslied formuliert ja so schön: »Tauet Himmel, den Gerechten, Wolken, regnet ihn herab, rief das Volk in bangen Nächten, dem Gott die Verheißung gab: einst den Mittler selbst zu sehen und zum Himmel einzugehen. Denn verschlossen blieb das Tor, bis der Heiland trat hervor.«

Es ist kein Widerspruch zum wissenschaftlichen Denken, wenn wir den Ursprung allen Lebens, aber auch unseres persönlichen Lebens, als ein Geschenk anerkennen, das von Gnaden kommt. Denn es ist nun allemal ein Glück, dass wir das Licht der Welt erblicken durften. Unzählige Begegnungen waren notwendig, die nicht einer mechanischen Planungskonzeption entsprangen, damit wir nach einer langen, langen Ahnenkette da sein dürfen.

Der moderne Mensch scheint sich etwas zu vergeben, wenn er die Geburt eines Kindes nicht mehr mit den Worten ankündigt: »Uns wurde ein Kind geschenkt«. In einer modernen Geburtsanzeige habe ich bereits die Worte gelesen: »Geplantes Projekt abgeschlossen«. Auch wenn das ironisch gemeint sein mag, kennzeichnend ist doch deutlich eine gewisse Machbarkeitseuphorie, derzufolge alles planbar, organisierbar und herstellbar ist. Ist es nicht ein verhängnisvoller Irrtum, zu glauben, man würde unabhängiger, reicher und mächtiger werden, wenn man auf den Blick nach oben verzichtet? In diesem Sinne ist es wohl besser, sich auf jemanden zu verlassen, als verlassen zu sein:

Dass nichts, was du gmacht hast,
ins Nichts rein verrinnt,
dass die Lieb übern Hass
doch im Letzten gewinnt,
dass am End nicht das Dunkle
und Finstere ist,
sondern 's Helle und 's Lichte
und dass auch gewiss
das Letzte nicht Angst ist,
Krankheit und Not,
sondern 's Leben am Schluss
triumphiert übern Tod.
Mein Gott, lass mich glauben,
was ich glaubn möcht so gern.
Schenk uns deine Gnade,
dann wird's schon was werdn.

Die Weihnachtskarte
Alfred Landmesser

Elisa wohnte einsam im letzten Haus an der Straße. Ihre einzige Schwester hatte vor Jahren geheiratet und sie seitdem vergessen. Sie jedoch kaufte Jahr für Jahr zum Weihnachtsfest eine besonders hübsche Karte, schickte sie ihr und hoffte, dass ihr Gruß irgendwann doch beantwortet werde. Täglich wartete sie dann auf den Postboten. Lange vergebens. – Doch dann plötzlich entdeckte sie Spuren im Schnee! Hastig eilte sie hinaus, und tatsächlich, im Briefkasten lag eine Weihnachtskarte! Eine Krippe war darauf zu sehen und ein hell glänzender Stern aus Silberkrümeln, genauso wie auf jener Karte, die sie ihrer Schwester geschickt hatte.

Dann sah sie einen Vermerk auf der Karte: »Zurück – Empfänger verstorben«. Traurig. Doch am Heiligabend ließ sie den prächtigen Silberstern der Karte im Kerzenschein ihres Weihnachtsbaumes funkelnd erstrahlen.

Und Elisa schickte ihr auch im nächsten Jahr die schönste Weihnachtskarte und zusätzlich in einem großen Paket viele schöne Dinge, die sie sich selbst all die Jahre zum Fest gewünscht hatte. Bald erhielt sie auch zum Geburtstag, zu Ostern und zu vielen anderen Anlässen Karten und Pakete. Und auf allen stand: »Empfänger unbekannt«. Sie hatte nun oft Grund zur Freude. – Nur der Postbote, der war etwas ärgerlich.

Erinnerung an eine vergangene Weihnacht
Barbara Haltmair

Manchmal, wenn ich mir all die vergangenen Weihnachtsabende ins Gedächtnis rufen möchte, merk ich, dass ich die meisten vergessen habe.

Nur wenige sind mir noch in Erinnerung geblieben, und einer davon, er war eigentlich der ärmste.

Mutter war krank, und deshalb konnte das Christkind nicht wie sonst in der Stube kommen, sondern oben in der Kammer.

Eine Frau aus dem Dorf richtete im Zimmer der Kranken den Christbaum auf, das durfte ich natürlich nicht, aber ich fand auf der Zudecke der Mutter einen silbernen Lamettafaden.

Das Christkind hat ihn, als es durchs Fenster hereinflog und den Baum brachte, verloren. So erklärte es mir meine Mama, ich glaubte es, und der einzelne silberglänzende Streifen beeindruckte mich stärker als der Baum selbst. In meiner Fantasie sah ich das Christkind fliegen, oh, und Mutter hatte es tatsächlich gesehen!

Heute kann mich kein Weihnachten mehr gänzlich zufrieden stellen. Weil das Schönste, das zu einem Weihnachtsabend gehört, fehlt.

Die Mutter und der Glaube ans Christkind.

Bitte leucht uns ins Dunkel
Helmut Zöpfl

Bitte leucht uns ins Dunkel
und nimm unsre Hand!
Bitte zeig uns den Stern,
der uns leitet ins Land,
wo die Traurigkeit lebt
als Erinnerung nur,
wo Leben nur ist
und vom Tod keine Spur.
Wo uns weihnachtlich strahlend
die Freude erhebt,
wo sich Hoffnung erfüllt,
wo Gott nah bei uns lebt.

Im Wald is's so staad

Unsere alpenländische
Weihnachtsdichtung

Das Jahr 1948 war ein großer Einschnitt in meinem Leben.

Im April musste ich mein vielgeliebtes Zuhause verlassen, denn ich wurde im neu eröffneten Internat Schloss Neubeuern eingeschult. Ein paar Wochen danach teilte man uns dort mit, dass die Währungsreform stattgefunden habe, und die Reichsmark nur noch 10 Pfennige wert sei. Das bedeutete für Lehrer und Schüler, dass wir alle wenig Geld im Börsel hatten.

Aber gerade diese Umstände wirkten sich auf den Unterricht und das Heimleben sehr wohltuend aus. Es gab damals ein kreatives und fantasievolles Miteinander, das uns jungen Schülern für unsere menschliche Entwicklung sehr viel brachte. Neben unserem normalen Unterricht hatten wir noch genügend Zeit für Sport, Musik, Theater, Tanzen und viele Arten von Handwerk. Gerade in der Advents- und Weihnachtszeit tat sich sehr viel. Mit dem Chor und dem Schulorchester gaben wir Konzerte in der Schlosskapelle. Im Schlosspark spielten wir in einer Höhle ein Krippenspiel, mit mir als Maria, da wir nur wenige Mädchen an der Schule hatten.

Unser katholischer Pfarrer las die »Heilige Nacht« von Ludwig Thoma, und ich sang mit Gitarrenbegleitung die Zwischeng'sangl, wie zum Beispiel »Im Wald is's so staad, alle Weg san vawaht ...« Außerdem war ich während der Internatszeit und meiner anschließenden Ausbildung an der Otto-Falckenberg-Schauspielschule in München Mitglied der Chorsingschule Rosenheim. Als besonders berührend habe ich die Chorauftritte am Nachmittag des 24. Dezember in den Rosenheimer Krankenhäusern und Altenheimen in Erinnerung.

Ein besonderer Höhepunkt war es aber, als wir beim Salzburger Adventsingen mitwirkten. Denn dort lernte ich den großartigen Musiker Tobi Reiser und den von mir so hoch verehrten Dichter Karl-Heinrich Waggerl kennen. Diese Persönlichkeiten, und nicht zu vergessen der Kiem Pauli, haben sich Verdienste um die Erhaltung unseres Brauchtums, um die alpenländisch-barocke Sprache und die Aufzeichnung des meist nur mündlich überlieferten Liedgutes erworben, die man gar nicht hoch genug einschätzen kann.

Solche Erlebnisse haben mich geprägt, und sie sind mit ein Grund dafür, dass ich seit fünf Jahrzehnten zusammen mit Gesangs- und Musikgruppen Weihnachtslesungen veranstalte.

Diese Veranstaltungen sollen den Menschen in unserer hektischen, von Geld, Macht und Technik beherrschten Welt Zeit zum Nachdenken geben, ihnen nahebringen, dass Weihnachten noch immer ein Fest der Liebe, ein Fest der Familie, das Fest der Geburt Jesu ist.

Gerhart Lippert

Heilige Nacht
Ludwig Thoma

Erstes Hauptstück

Jetzt, Leuteln, jetzt loosts amal zua!
Mein Gsangl is wohl a weng alt,
Es is aba dennascht schö gnua.
I moan, dass' enk allesamm gfallt.

Es war selm in Nazareth hint
A Mo, der si Joseph hat gnennt;
So brav, wia ma net oft oan findt
Und wia ma's net glei a so kennt.

Er hot als a Zimmamo glebt.
Und koa Geld war freili net do,
Mit da Arwat hot a's dahebt,
Dass a grad a so furtmacha ko.

's werd gwen sei, wia's heunt aa no is.
Ma hat oft halt grad a so z'toa.
Bal baut werd, na hot ma sei G'wiss',
Sinscht is da Vodeanst eppa kloa.

A richtiga Mensch richt si's ei'
Und halt seine Kreuza beinand.
No ja, und dös muaß amal sei',
Und dös sagt oan scho da Vastand.

Da Joseph hat's wohl a so gmacht
Und hot nia nix unnütz valor'n,
Denn, bal ma dös richti betracht',
Sinscht waar a koa Heiliga worn.

I woaß, dass ma'r eppa sagn kunnt:
De Zimmaleut mögn gern a Bier,
Und Brotzeit, de macha s' all Stund.
De meischt 'n hamm jetzt de Manier.

Vielleicht aba selbigs Mal net?
Obwohl dass ma's net so gwiss woaß,
Und weil's in die Büacha oft steht,
Z' Palästina waar's a weng hoaß.

Sei Frau, no dös wissts ja allsamm,
Da braucht's ja koa Wort mehra net,
Indem dass mir's alle glernt hamm,
Was im Katechisimus steht.

Ganz Nazareth sagt, wia de leb'n,
So friedli und brav und so staad! –
Dös muaß's wohl net glei wieda gebn!
Waar schö', bal's as öfta gebn tat.

Jetzt, dass i enk weitavazähl:
Es kimmt selm auf oamal a Schreiben,
Es müaßt si, und glei auf da Stell,
A jeda bei'n Rentamt ei'schreib'n.

Da Kaiser Augustus will's hamm.
Er braucht eahm halt wieda a Geld.
Ma treibt's vo de kloana Leut z'samm;
Dös is amal so auf da Welt.

Was tean jetzt de Leut z'Nazareth?
Sie wern halt aa schimpfa und zahln,
Und wia'r oan de Sach g'ärgert hätt',
Dös siecht ma danach bei de Wahl'n.

An Joseph hot's aa net schlecht gift'.
Balst moanast, du kamst a weng z'toa.
Na kriagast a sellene Schrift,
Als waar ge de Steuerlast z'kloa!

Ja, kratz di no hinta de Ohrn,
Do ko'st scho nix macha, mei Mo!
Und zahlt is no jedes Mal worn,
Mit'n Staat, da fangt koana o.

Da Joseph sagt z'letzt: »In Gotts Nam',
Na roas' ma auf Bethlehem nei'
As Rentamt und sag'n, was ma hamm,
Es werd scho net gar so vui sei'.

Was is na mit dir, bleibst du do,
Maria? Du woaßt scho, warum.«
»I bleibet ja gern, liaba Mo,
Aba 's Rentamt will, dass i kumm.

Da Steuerbot hot's uns ja gsagt,
Denn a jeda, sagt a, muaß her,
Und d' Weiberleut aa, hot a gsagt,
Und koan Ausnahm geit's do it mehr.«

Da Joseph sagt: »Jetza is's recht!
Wia geht ma denn mit de Leut um!
Und bal ma'r aa ghorsam sei' möcht,
Aba dös is dennascht scho z' dumm!«

»O Joseph, es steht in da Schrift:
Ös seids bald in Bethlehem drin,
Und was si alssammet auftrifft,
Dös hot insa Herrgott an Sinn.«

Gesang

Im Wald is's so staad,
Alle Weg san vawaht,
Alle Weg san vaschniebn,
Is koa Steigl net bliebn.

Hörst d' as z'weitest im Wald,
Wann da Schnee obafallt,
Wann si 's Astl o'biagt,
Wann a Vogel auffliagt.

Aba heunt kunnt's scho sei,
Es waar nomal so fei,
Es waar nomal so staad,
Dass si gar nix rührn tat.

Kimmt die Heilige Nacht.
Und da Wald is aufgwacht,
Schaugn de Has'n und Reh,
Schaugn de Hirsch übern Schnee.

Hamm sie neamad net gfragt,
Hot's eahr neamad net gsagt,
Und kennans' do bald
D' Muatta Gottes im Wald.

Zweites Hauptstück

Beim Tagwer'n, es war no ganz fruah,
Schaugt da Joseph außi in' Schnee.
»Maria, jetzt genga ma zua,
Z'erscht trink' ma no insern Kaffee.

O mei ja! Dös wird heut was wer'n!
Dei Schuahwerk is aa vui dünn,
I wollt und i hätt's scho recht gern,
Mir waarn scho in Bethlehem drin.«

»Jetzt lass da daweil, liaba Mo!
Es geht ins ganz guat, werst as sehgn,
Was sei muaß, dös packt ma frisch o
Und es werd ins na do scho nix gschehgn.«

So genga sie naus bei da Tür.
D' Maria muaß langsama toa;
Es kam ihr bald selber so für,
Da Joseph gang gscheida alloa.

Vo Nazareth braucht ma ganz gwiss
Auf Bethlehem ummi sechs Stund,
Dös hoaßt, bal da Weg sauber is
Und bal oana richti geh' kunnt.

So glangt's auf koa Weit'n wohl net;
An Schuach und no drüba hot's gschneibt,
D' Maria bal hundert Schritt geht,
Is's Not, dass sie wieda steh' bleibt.

Es geht buckelauf, buckelo;
Am bessern war's dennascht im Wald,
Hat da Wind net gar so schiach to
Und war do net gar a so kalt.

Auf'n Mittag zua vespern s' a weng
Am Holz hiebei, glei neba'n Rand;
Sie müass'n, sinscht wurd's eahna z' streng.
Und si ess'n a Nudl mitnand.

An Joseph, den jammert's scho recht,
Und wia'r a d' Maria betracht',
Da sagt a: »Heunt geht's ins wohl schlecht,
Und Angscht hon i, dass' da was macht.«

Sie zoagt eahm des freundlichste G'sicht.
»Und«, sagt sie, »es feit net so weit,
Geh, Vata, was helft ins de G'schicht,
Weil's Jammern ja aa nix bedeut'.«

Sehgt's, Leuteln, so tapfa is s' g'wen,
Koan Aug'nblick hat sie net greint,
Da kunnt'n de Weiba – was denn? –
A Beispiel dro hamm, wia's ma scheint.

No, dass i mei G'schicht fürabring –
Sie hamm sie so mitanand tröst'.
De Guatheit macht jede Sach g'ring,
Da Unmuaß is oiwei des Größt.

Und wia sie so freundli dischkriern,
Do hört ma'r a wunderschöns G'läut
Und siecht oan a's Holz her kutschiern.
Do hot si da Joseph scho gfreut.

Der Schlitt'n, der kemma is, war
Vom reich'n Manasse, an Mo
Vo Nazareth. Da hat's koa G'fahr,
Dass d' Maria net aufsitz'n ko.

»He! Halt a weng! Sei do so guat!«,
Schreit da Joseph. »Kunnt's eppa sei',
Du siechst ja, wia 's Weda heut tuat,
Gang's net, dass sie mitkam, de Mei'?«

Der aba, der gibt gor it Acht,
Er schnallt mit da Goaßl und d' Ross',
De schiaß'n voro und er lacht
Und zahnt recht und prahlt si no groß.

Mei Liaba, was ko ma da sag'n?
I sag grad, wer so eppas tuat,
Der is mit eahm selba scho gschlag'n,
Und selle Leut geht's it so guat.

Jetzt hockan s' halt wieda im Schnee.
Sagt d' Maria: »Ärger di net
Und hülf ma'r a wengl auf d' Höh!«
Ma friert aa net so, bal ma geht.«

So waten s' drei Stund oda vier
Und sie bleib'n gar oft wieda steh'.
Da Joseph vazagt. Er moant schier,
Sie kunnt's eahm bald nimma dageh'.

Es war aa scho nimma gar z' hell
Und an schiach'n Neb'l hat's gmacht,
Und kam eahr de Dunkelheit z' schnell,
Was tean s' na im Wald bei da Nacht?

Da kimmt jetzt a Handwerksbursch her,
Draht si um, bleibt steh' und hat g'sagt:
»Es scheint, bei da Frau geht's net mehr,
Waar Not eppa gar, dass ma s' tragt.«

Da Joseph und er geb'n si d' Hand;
D' Maria hamm s' unter si g'fasst,
Und führen s' und trag'n s' mitanand
Und g'spürn kaam de heilige Last.

»Wo kemmts denn ös her und wer seids?«
»I arbet als Zimmamo drent
In Nazareth. Dös is a Kreiz,
Jetzt san ma acht Stund ummag'rennt.

Mir müass' ma'r auf Bethlehem nei',
As Rentamt, du woaßt ja, gon Zahl'n.
O mei, Mensch, i dank da halt fei',
Du tuast ma'r an richtinga Gfall'n!«

»Dös braucht's it. Es geschiecht ja recht gern.
Jetzt sollt ma'r an Äpfischnaps hamm,
Da wurad die Frau wieda wern,
Derselbige richtet oan z'samm.«

So hamm sie halt mitanand g'redt,
Hamm d' Maria g'hebt und hamm s' trag'n.
Ja, Leut, bal s' den Helfa net hätt,
Waar's gfeit g'wen. Dös konn i enk sag'n.

Jetzt sehg'n sie scho Liachta im Tal;
Da drunt'n muaß Bethlehem sei'.
Da Handwerksbursch sagt: »Halts amal,
I trau ma'r in d' Stadt net ganz nei'.

Vo zweg'n de Standari, vastehts,
Denn koane Papier hab i koa.
I moan, es is bessa, ös gehts
Auf Bethlehem eini alloa.«

Sie nehma Bfüad Good voranand,
D' Maria hot gar so liab g'lacht
Und da Joseph druckt eahm sei Hand
Und hot eahm sei Danksagung g'macht.

Wer war ge der Bursch, liabe Leut?
Wie hoaßt a? Wia hot er si g'schrieb'n?
Mir wiss' ma's no net bis auf heut,
Es is ins koan Ausweis net blieb'n.

Du lüftiga Bursch auf da Roas,
Du host wohl koan Pfenning koa Geld
Und bist do da Reichst, den i woaß,
Und bist do da Reichst auf da Welt!

Ja, bfüad di Good! Schwing no dein Huat!
Di derf koa Standari schinier'n!
Dir is insa Herrgott was guat,
Bei dem werst du gwiss nix valier'n!

Jetzt san ma in Bethlehem drin.
Wos werd eppa da alles gschehg'n?
Wos hamm s' eppa da alls an Sinn?
Ös Leuteln, mir wern's na scho sehg'n.

Gesang

Und daußd geht da Wind,
Geh, seids do guat g'sinnt!
So kalt kommt's oan für,
Machts auf enka Tür!

»Wer klopft bei da Nacht?
Da werd net aufgmacht!
Gehts glei wieda zua
Und lassts ins in Ruah!«

»De Frau nehmts do gwiss,
Weils' gar so arm is!
Sie wart' auf ihr Stund,
Sie geht ma sinscht z'Grund!

Und bal sie koa's hätt,
Na braucht sie koa Bett,
Es tat's aa'r a so,
Kriagt s' grad an Schab Stroh.«

»Gehts weita! Gehts zua!
Und lassts in in Ruah!
Mir hamma koan Gfalln
Mit Gäst, de schlecht zahln.«

Es sturmt und es schneibt,
Es wedat, es treibt,
Koa Mensch lasst s' net rei' –
Ja, dar denn dös sei?

Drittes Hauptstück

Da stenga de zwoa jetzt am Tor,
Hamm freundli an Einlass begehrt,
An Pass aba zoagn sie z'erscht vor.
So hot's a si selbigs Mal ghört.

Beim Rösslwirt oder im Lamm,
Da stell'n de vo Nazareth ei',
Da wer'n sie an Untaschlupf hamm,
Da kunnt's no am leichtasten sei'.

Beim Rösslwirt san sie jetzt gwest;
Kimmt da Hausknecht mit da Latern.
»Wer is dann no daußd?« – »Fremde Gäst,
Und a Liegastatt hätt'n mir gern.«

»Ja freili, sinscht fallt enk nix ei'?
Bei ins is's scho voll«, sagt da Knecht,
»Ös kunnts ja no spata dro sei'!
Mir wart'n auf enk! Da habts Recht.«

So red't a. So reden s' no heut,
De Hausknecht, ma kennt s' ja recht guat!
De hamm an da Grobheit a Freud',
Bal s' arbet'n, kemma s' in d' Wuat.

Ös Wirt, und i sag enk dessell:
Auf enkere Hausel derfts schaug'n,
is jeda a hoanbuachna G'sell,
Und lassts as no net aus de Aug'n!

Derselbig in Bethlehem haut
De Tür zua und sagt net guat Nacht.
Da Joseph hot grad a so g'schaut
Und hot si am Weg weita g'macht.

Beim Lamplwirt dauert's z'erscht lang,
Na rumpelt da Vizi daher
Und schreit bei da Tür raus im Gang:
»Bei ins gibt's koa Liegastatt mehr.«

Si genga zum Bräu und auf d' Post,
Beim Schimmiwirt hamm s' zuawig'schaut,
Zum goldna Horn, wo's so vui kost,
Da hamm s' a si net anitraut.

Na san s' no in d' Hirwa zum Bäck,
Beim Schuasta hamm s' aa'r amal gläut',
Und nacha beim Huaba am Eck,
Und nirgads hot's eahr wos bedeut'.

Da Joseph, der jammert halt recht:
»Es is ma ja gar net um mi,
Mir waar wohl koan Untastand z'schlecht,
Zweg'n meiner is's net. Aba sie!

Maria, i woaß ma net z' rat'n,
Und's Woana, dös kommt ma glei o,
I siech's ja, du leid'st ma'r an Schad'n,
Und dass i für gar nix sei ko.«

D' Maria is wohl a wenig schwach
Und hot si vui g'sünda o'gstellt.
Sie sagt eahm: »Geh, Joseph, de Sach,
De is net dös Irgst auf da Welt.

Dös is halt jetzt heut amal so,
Mir find'n was, werst as scho sehg'n,
Und kriag i koa Bett, auf an Stroh,
Da bin i an öftern scho g'leg'n.«

Da hot ihra Mo wieda glacht
Und sagt ihr: »Du bist scho so guat!
Und bal ma mit dir a weng spracht',
Da kriagt ma glei wieda an Muat.«

Und weil a si's G'ringa fürnimmt
Und frischa werd, fallt eahm wos ei',
Ja, dass ma net glei auf dös kimmt!
»Zum Josias genga ma nei'!

Zum Josias geh' ma, woaßt d'was!
Jetzt san ma scho gwunna, dös geht.
Sie is ja a meinige Bas,
De wo aa dein Zustand vasteht.

Jetzt renna ma so umanand
Und lass'n de halbe Stadt z'ruck,
Und hätt'n 's Loschi bei da Hand,
Bei'n Josias enta da Bruck!

I hab sie wohl lang nimma g'sehg'n,
Ganz gwiss so a siebn, an acht Jahr,
Pass auf, dera kemma mir g'leg'n,
Sie is a guat's Leut, dös is wahr.

O mei Good, i woaß no wia heunt,
Wia s' selbigs Mal Hozet hamm g'macht,
Da Zaches, der war da nächst Freund
Und hot ihr an Kammawag'n bracht.

Bei'n Kirchgang hot's so vui g'regn't.
Ma sagt, dass dös Reichtum bedeut'.
No ja, was ma hört, san s' aa g'segn't,
Sie san scho recht geldige Leut.

Maria, pass auf, lass da sag'n,
Mei Basl, de kocht da ganz g'wiss
A Muas und da kriagst was in Mag'n.
Na, dass i auf so was vagiss!«

So geht a dahi volla Freud,
»Und«, sagt a, »es braucht nix pressier'n,
Maria, jetzt lass da no Zeit,
Jetzt wiss' ma ja, wo ma loschier'n.«

O Joseph, wia kennst du de Welt?
Du host, scheint's, no weni dalebt
Mit selle Vawandte mit Geld,
Und was für an Ehr ma aufhebt.

Gesang

Wos eppa dös bedeut'
Mit enk, ös reich'n Leut,
Und enkern Geld?
Müaßts oiwei mehra spar'n,
Müaßts oiwei z'sammascharr'n
Und müaßts do außifahr'n
Aus dera Welt!

Ös müaßts ma's scho valaabn,
I ho koan andern Glaabn,
Als dass' enk reut.
Kemmts ös in d' Trucha nei',
Da seids ös aa net fei',
Da werds ös grad so sei'
Wia'r ander Leut!

Drum denkts, so lang als lebts:
Wos ös de Arma gebts,
Is net vaschwend't.
Ös habts des Best davo,
So wia ma's hoffa ko,
Kriagts ös den schönst'n Loh'
Amal da drent!

Viertes Hauptstück

»Schaug hi!«, sagt da Joseph und lacht,
  »Bei'n Josias brennt no d' Latern,
 Jetzt hot's a si wirkli guat g'macht,
 Jetzt hamm ma z'letzt do no an Stern.

Und schaug no, wia schö is dös Haus!
 Sechs Fensta herunt und fünf drob'n,
  So reinli und sauba siecht's aus,
  Da muaß ma mei Basl scho lob'n.

Jetzt wart no, i ziahg an da Schell'n,
 Vom Ummasteh ham ma jetzt gnua,
  De wer' i ge außarebell'n,
  He, Josias, mach amal zua!«

Sie hör'n bald, wia drob'n oana schreit:
 »Wos is bei da stockfinstern Nacht?
  Wer kimmt um a sellane Zeit?
 Do werd koa Spektakel net g'macht!«

»Ja, grüaß di Good, Josias! Kimm
 Und lass ins no g'schwind amal nei':
 Du kennst mi ganz gwiss an da Stimm,
  Mir kemma vo' Nazareth rei'.

Mir san heut scho lang auf da Roas
  Und suach'ma Loschi überall'n,
 Und wia'r i z'letzt gar nix mehr woaß,
  Da bist ma halt du no ei'gfalln'n.«

173

»So, moanst du? Da braucht's ja net mehr,
Jetzt geht's scho auf zehni bereits,
Da kamst du ganz oafach daher,
I woaß net amal, wers ös seids.«

»Da Joseph. Mir san do vawandt
Und de Dei' is a Basl vo mir …«
»Vo dem is mir gar nix bekannt.
Jetzt gehts amal weg vo da Tür!

I sag dessell, bei da Nacht,
Da hab i am liabern mei Ruah,
Da wird koa Bekanntschaft net g'macht,
Adjes! Und jetzt gehts amal zua!«

»Geh, Josias, bal a da's sag …«
»Nix sagst d' ma! I kenn di net, di,
Scho deratweg'n, weil i net mag,
Wosd' her bist, da gehst wieda hi!«

Jetzt kimmt no a Weibets dazua,
De tuat scho abscheili und schreit:
»A Ruah möchte ma hamm, inser Ruah!
Was san da denn dös no für Leut!«

»A Vetta vo dir, hot a g'sagt …«
»Wos Vetta? A sella, der kimmt
Und 's Sach na bei'n Haus außitragt
Und selba nix hot und grad nimmt!

A Vetta! A so waar'n s' ma recht!
Ja, selle Verwandte gab's vui,
Wo jeda was brauchat und möcht
Und jeda was o'brocka wui.

Da gang oan d' Vawandtschaft net aus,
De fressat oan' arm, vor ma schaugt,
Koa sella kimmt net in mei Haus!
A Vetta! Dös hätt ma ge 'taugt!«

Sie hamm jetzt de Fensta zuag'schlag'n
Und wergln und schimpfa no drin.
Da Joseph woaß gar nix zum sag'n,
Es is eahm ganz wunderli z' Sinn.

Er geht a paar Schritt auf da Straß,
D' Maria geht hinta eahm drei',
Sie siecht, seine Aug'n san eahm nass.
Wia kinna de Leut a so sei'?

Er wischt übers Gsicht mit da Hand.
»Maria, wos tean ma denn jetzt,
Wos trifft ins no alls mitanand,
Wos is ins no alles aufg'setzt?

Da soll na da Mensch net vazag'n
Und soll bei da Bravheit besteh'!
Balsd' arm bist, muaßt alssamm vatrag'n
Und alls muaß da üba si geh'!«

»A selle Red soll'n ma net führ'n,
Schau, Joseph, dös waar do da Sünd!
Mir brauchan koan Unmuaß net sprü'n,
Ins is do des Schönste vakünd't.

I woaß wohl, du moanst ma's recht guat,
Grad weil a da gar so dabarm,
I hob do den fröhlichsten Muat
Und woaß ja, mir zwoa san net arm.«

Jetzt, wia no d' Maria so spracht',
Da kimmt üba d' Straß her a Mo;
Der fragt, was sie tean bei da Nacht
Und ober s' net eppa führ'n ko.

Ös Leuteln, i bild ma dös ei,
I moan g'rad und woaß ja net g'wiss,
Dössell kunnt an Engl g'wen sei,
Bal's eppa koa Mensch g'wesen is.

Ko sei oda net, er hot s' g'weist
Und hot si koan Ausred vagunnt,
Er hot si so richti befleißt,
Wia's an Engl net bessa toa kunnt.

Da draußd vor da Stadt war a Haus,
A Häusl war's, kloa und dafall'n,
Do sagt da Mo: »Simmei, kimm raus,
Geh außa und tua ma den G'fall'n!«

176

»Glei kimm i«, schreit oana vo drin.
Es dauert net lang, geht die Tür.
»De Leut hätt'n 's Dobleib'n an Sinn,
I moanat, es gang scho bei dir?«

Da Simmei, der kratzt si a weng
Z'erscht hinta de Ohr'n, sagt: »Am End
Gang's wohl, do bei mir is's halt eng,
Wia waar's denn im Stall eppa drent?«

»Vagelt's Gott! Mir waar'n ja so froh«,
Sagt da Joseph, »wann du ins nahmst
Und gabst ins a wengl a Stroh –
Mir tatn's wohl aa, bal du kamst.«

»Ja, bleibts no. I weiger mi net,
I woaß scho, wia's tuat, is ma'r arm.
's is schod, dass' herinna net geht,
Aba drent'n im Stall, da is's warm.

Und 's Stroh hab I enk glei aufg'schütt',
A Heu kriagts ma'r aa no dazua,
Da legts enk ös eini a'd' Mitt',
Da habts ös de allabest Ruah!«

»I woaß ja, da Simmei is recht«,
Sagt der ander, »bfüat enk Gott aa!
Ös sehgts scho, ös habts as it schlecht
Im Stall drinn auf enkera Strah.«

Da Simmei, der führt s' jetzt in' Stall,
Und da Joseph b'steht eahm was ei.
»Woaßt du«, sagt a, »bei ihr is's da Fall,
Es kunnt no heut Nacht eppas sei'.«

»O mei Gott, und muaß umanand!
Es is auf da Welt scho a Kreiz,
Jetzt bin i erst recht bei da Hand
Und hülf enk, weils gar so arm seids.«

Dös beste Stroh hot a aufg'straht
Und schaugt, dass de Tür aa guat schliaßt,
Dass ja net koa Wind einawaht
Und dass sie ja gar nix vodriaßt.

Na sagt a recht freundli: »Guat Nacht,
Ös Leut, und es derfts ja it moan',
Ös hätts ma'r an Arwat herg'macht,
Und an Umstand machts ma'r ös koan'.

Guat Nacht jetzt und schlafts ma recht guat
Und lasst senk nix kümmern mitnand.
I woaß an mir selba, wia's tuat,
Und 's Armsei', dös is ma bekannt.«

Ja Simmei, du host di scho brav,
Du host di scho richti o'gstellt!
Bal jeda so waar, den ma traf,
Na waar's da fei schö auf da Welt.

Gesang

Es mag net finsta wer'n,
Es bleibt so hell,
Es rucken Mond und Stern
Net von da Stell.
Sie hamm wia Liachta brennt,
So still und klar,
Als waar dös Firmament
A Hochaltar.
Und's is so wundafei',
Wia's obaklingt!
Dös muaß da Herrgott sei,
Der 's Hochamt singt.

Fünftes Hauptstück

I denk ma, dieselbige Nacht
War net, wia'r a jede sei' kunnt,
I denk ma, die Welt is aufg'wacht
Und wart' auf de heilige Stund.

Da Wind hot si lang scho valor'n,
Es lasst si koa Lüftl net spür'n
Und allaweil staader is's wor'n,
Es traut si koan Astl net z' rühr'n.

Und gang no a Mensch übers Feld,
Es tat eahm an Schnaufa vaheb'n,
Es hätt'n am Weg eppas g'stellt
Und wüsst si koa Rechenschaft z'geb'n.

Ma kennt's net, was is und wia's hoaßt,
Und's is eppas rundumadum,
Und 's Herz klopft da schnella, und woaßt,
Wannsd' selba di fragst, net warum.

A diam is's, als kam aus da Höh'
Vo hoamlinga Musi a Klang,
A diam is's, als kam übern Schnee
Vo z'weitest a hoamlinga G'sang.

A Zeit'l, da is's wieda staad,
Und fangt auf a Neu's wieda o,
Als wann ma wo Orgl spiel'n tat
So fei, wia's herunt koana ko.

Es war scho a bsunderne Nacht;
Und kam oan scho bald a so für,
Als waar da ganz Himmi aufg'macht,
Ma stand vor da offana Tür.

Und kunnt grad so eini. Koa Gschloss
Waar für und da Eingang waar frei
Und da Mond, der waar da so groß,
Als waar a vui nächa hiebei.

De Sternlein, de hätt ma kaam kennt,
Sie flimmern net, scheina so klar,
So staad, wia'r a Bergfeua brennt,
Dass oan scho grad feierli war.

Und wia si de Nacht so aufhellt,
Da Fuchs bleibt im Holz drinna steh',
Er hot seine Lauscha aufg'stellt
Und traut si koan Schritt nimm z' geh'.

In Bethlehem lieg'n wohl de Leut
A Stund oda zwoa scho im Bett.
Is g'scheida. Desell'n hätt's bloß g'reut,
Bal's eahna de Ruah gnumma hätt.

Beim Josias hamm sie was g'spannt,
Es leucht eahna gar a so rei'
Und wirft eahna Liachta an d' Wand
Und macht in da Kamma an Schei'.

Sie is als de Erste aufg'wacht
Und stößt ihran Josias o:
»Schaug außi, wia hell is de Nacht!«
Er brummt grad, es liegt eahm nix dro.

»Es werd do koa Feuer net sei'?«
»Vo mir aus, bal's weita weg brennt,
I schlaf jetzt und misch mi net ei',
Scho weil ma de Leut gar nit kennt.«

»Es is grad so licht wia'r am Tag
Und is bloß da Mond und de Stern.«
»Vo mir aus, und is's jetzt, wia's mag,
I sag da, i schlafet jetzt gern.«

Sie druckt's aba dennascht a wenig,
Sie mag nimma gar so staad lieg'n,
Es werd in da Bettstatt ihr z' eng,
Sie is nacha do außag'stieg'n.

Und wia sie beim Fensta nausschaugt,
Da wird ihr so wunderli z'muat,
Es hot ihr scho gar nix mehr 'taugt,
Und's is ihr scho gar nimma guat.

Sie legt si glei wieda a's Bett
Und draht si bald hin und bald her,
Als lag s' auf an stoa'hart'n Brett,
Von Schlafa is aa koa Red mehr.

»Du, Josias«, sagt s' auf amal,
»I moan, mir war'n do a weng grob,
Kunnt sei, und es waar glei da Fall,
Ma kriagat mit so was koa Lob.«

»Vo was«, fragt da Josias, »red'st?«
»No ja, vo desell'n vo heut Nacht,
I moan, balsd' as aufgnumma hättst,
Es hätt ins net gar so vui g'macht.«

»So moanst du? Da hab i scho gnua,
Jetzt hätt' sie d' Vawandtschaft an Sinn,
Mit selle Leut lasst ma mei Ruah!
Mit selle Leut hot ma koan G'winn.«

»I ho vom Vawandtsei' nix g'sagt,
Es fallt ma no grad a so ei',
Und dass ma de Arma vajagt,
Werd aa net des Allaschönst sei'.«

»Bal wieda oa kemma, na g'halt s'
Und gib eahr und schenk eahr allssamm,
An Butta und Oar und a Schmalz,
Na wer'n ma bald selba nix hamm.

Denn bal amal dös oana gneißt,
Wia schö dass' beim Josias is',
Und wia ma da 's Sach außischmeißt,
Na hamma ma de Kundschaft ganz gwiss.

I mag net, dös will a da sag'n,
Do hot da mei Guatheit an End,
Und willst ma du's Sach so vatrag'n,
Na lass a da nix mehr in d' Händ.«

Er hot si an d' Wand ummidraht
Und sagt, dass a nix mehr hörn möcht.
Sie brummelt no lang, aba staad,
Denn g'falln tuat ihr gar nix mehr recht.

Jetzt lass ma de zwoa beiranand,
Und schaug'n ins wos Schöners ge o,
Dös Streit'n, dös tat ins grad And,
Mir hamm ins scho gnua g'hört davo.

Sehgts, weita vo Bethlehem draußd,
Da stengan drei Hütt'n im Feld,
In dene hamm d' Hüata drin g'haust
Und üba Nacht d' Schaf einig'stellt.

In oana, da is auf da Strah
Derselbige Handwerksbursch g'leg'n,
Er schlaft jetzt und traamt hot er aa
Und hot eppas Wundaschön's g'sehg'n.

Woaßt scho, wia's an arma Mensch macht,
Geht wo bei de Großen was z'samm,
Er möcht grad a weng vo da Pracht
Und möcht vo da Freud eppas hamm.

Er stellt si vor d' Tür hi' und spitzt,
Und geht oana raus oda nei',
Na siecht a, wia's drinna aufblitzt,
Und kriagt vo dem Glanz aa 'r an Schei'.

So kimmt's jetzt dem Handwerksbursch für;
Es hot 'n an d' Höh aufig'hobn,
Er steht vor da himmlischen Tür
Und schaugt umananda da drob'n.

Durch d' Klums'n durch schleicht si a Strahl,
Der glanzt scho, als waar a vo Gold,
Und Musi is drin in dem Saal,
Als wenn's oan' glei einiziahg'n wollt.

Es werd eahm so z'muat wiar an Kind,
Dös gar so aufs Christkindl wart'
Und drin is da Baam scho o'zünd't
Und 's Drauß'nsteh' werd eahm so hart.

Auf oamal, da rüahrt si's am Tor,
Es werd eahm glei z'weitest aufg'macht.
Er halt si de Händ g'schwind davor,
So blend't oan dös Liacht und de Pracht.

Dös Silba! Dös Gold und de Stoa!
Und 's Sunnaliacht hot so a G'walt!
Wer kunnt eppa d'Aug'n no auftoa,
Wia's funkelt und blitzt und wia's strahlt?

A Kini hot gwiss a schö's Haus,
A Reicha ko gwiss was vatrag'n,
Und haltet do koana dös aus –
Wos will erst an arma Mensch sag'n?

Und wia si da Handwerksbursch traut
Und blinzelt a wenig umanand,
Do steht a vorm Herrgott und schaut,
Der gibt eahm ganz freundli sei' Hand.

»No, Hansei, wia g'fallt's da bei mir?
Kimmst aar amal her?«, hat a g'fragt,
»Und geh no ganz rei' bei da Tür,
Du derfst scho.« A so hot a g'sagt.

»Heut«, sagt a, »heut host ma fei g'fall'n.
Wer ander Leut hilft und dös tuat,
Dem hülf i aa gern überalln;
A sella, der hot's bei mir guat.«

Er klopft eahm auf d' Achsel und lacht.
Da Hansei, der danket eahm gern,
Do über dös is er aufg'wacht
Und siecht durch a Lucka an Stern.

Der leucht' eahm so hell und so klar
Und hot eahm a Botschaft verkünd't
Von drob'n her, da wo'r a jetzt war
Und wo'r a scho wieda hi'find't.

Jetzt horcht a … Dös is do koa Traam!
A Stimm … und jetzt wieda … Es tuat,
Als wenn's von da Höh obakam …
Jetzt hört ma's auf oamal ganz guat!

»Ös Hüata, kemmts allesamm her!
Es schlagt enk de heiligste Stund,
Ja, Gott in da Höh sei de Ehr!
Und Frieden den Menschen herunt!«

Gesang

Und ko ma koa Bettstatt
Und ko ma koa Wiagn
Und ko ma koa Lei'tuch
Fürs Christkindl kriagn?

A Wiagn passat freili,
Da lieget's recht warm.
Woher solln s' as nehma?
De Leut san so arm!

Drum legn s' as in d' Kripp'n,
Drum legn s' as aufs Heu,
An Ochs und an Esel,
De stengan dabei.

Dös is für de Arma
A tröstliche G'schicht.
Sinscht hätt's insa Herrgott
Scho anderst ei'gricht'.

Sechstes Hauptstück

Passts auf, und jetzt lass' ma 'r ins Zeit,
Mir müass'ma beim Simmei zuakehr'n
Und schaug'n, was's im Stall eppa geit
Und ob ma net gar eppas hör'n.

Es lasst si vo drinna nix g'wahr'n,
Vielleicht no, gab oana recht Acht,
Er hörat an Ochs a wenig scharr'n,
Wia's 's Viech an da Kett'n oft macht.

De Leut is de Ruah wohl vagunnt,
Dös nimmt oan' na dennascht scho her,
A Marsch von a'n acht a neun Stund,
Und g'spürt ma's beim Schnee no vui mehr.

Is guat für a jed's, bal ma schlaft,
Und is ja a Glück, bal ma's ko,
Ma kimmt do a weng zu da Kraft,
Und's packt oan net gar a so o.

An Simmei hot's oiwei aufg'weckt.
Er draht si im Bett umadum,
Und bal er si wieda zuadeckt,
Er schlaft net und woaß net warum.

Er denkt eahm, was kunnt denn dös sei'?
Und was eahm denn heut so schiniert?
Er b'sinnt si und fallt eahm nix ei'
Und hot wieda 's Schlafa probiert.

189

Und wia's eahm net g'lingt, geht a naus.
Es treibt eahm vo selba a d' Höh,
Da siecht er den Glanz vor sein' Haus,
An Mond und de Stern überm Schnee.

Was is denn jetzt dös für a Ding,
Dös wo oan so b'sunderli macht?
Es werd oan so leicht und so g'ring
Und lasst oan koa Ruah bei da Nacht.

Vom Stall raus, da kimmt jetzt a Schei',
So hell, als wenn's ei'wendi brennt.
Es wird do koa Feua net sei'!
Da Simmei is g'schwind ummig'rennt.

Und hört scho a Stimm – de is hell,
Is fei' wia'r a Glock'n vo Gold,
Da is eahm scho glei auf da Stell,
Als wann er si niedaknian sollt.

Und hot's aa da Simmei net g'wisst,
Es is eahm so feierli wor'n.
Denn drin liegt da heilige Christ,
Denn drin is da Heiland gebor'n.

Und jetzt! Was dös am Himmi war!
Als wenn de Kirz'n am Altar
Da Mesna o'zünd't – da – jetzt durt –
Oans nach dem andern brennas' furt –
So leucht'n d' Stern auf – oiwei mehr.
Auf oamal braust's von ob'n her,

Als wia vo hundert Orgeln klingt's,
Als wia vo tausad Harfa singt's,
Und Engelstimma wundafei',
De klingan drei'.
Halleluja! Halleluja!

Und vo da Weit'n, vo da Näh
Und vo herunt bis z'höchst in d'Höh
Und tuat bald laut und bald vaschwimmt's
Ganz ob'n und wieda runta kimmt's.
Halleluja!

Und in dem hellen Jubelg'sang,
Im Orgel- und im Harfaklang
Hat jetzt
A tiafe Stimm o'gsetzt
Mit G'walt,
So wia'r a Glock'n hallt:
»Kommt alle z'samm!
Ihr braucht koa Furcht net hamm!
Die höchste Freud wird euch verkünd't,
Im Stall dort liegt das Christuskind.
So hat die Nacht
Den Heiland bracht
Zu dieser Stund.
Ehre sei Gott in der Höh
Und Frieden den Menschen herunt!«

Da werd's jetzt mit oan wieda staad,
Vorbei is's mit Musi und G'sang.
A paar Mal is's grad, als vawaht
Da Wind no vo z'weitest an Klang.

Da Simmei kniat no dort im Schnee
Und lust, aba hört scho nix mehr.
Jetzt kemman vo drent über d' Höh
Deselbigen Hüata daher.

Sie war'n aa no ganz ausanand,
Bei eahr war dös Nämli da Fall,
Da Simmei nimmt s' staad bei da Hand
Und geht mit eahr eini in' Stall.

Sie schleichen auf g'nagelte Schuah.
Da Simmei, der geht a weng für
Und mahnt no an jed'n zu da Ruah.
Jetzt bleib'n s' alle steh' bei da Tür.

Deselln, de wo weita hint war'n,
De hamm si auf d' Zechaspitz g'stellt.
Vor eahna, da liegt drin im Barr'n
A Kindl – da Heiland der Welt.

So nackt und so arm hamm s' 'n g'sehg'n.
Im Barr'n war an aufg'häufelts Stroh.
Und 's Kind is ganz ruhig draufg'leg'n.
Es woant net und schaugt grad a so.

Es hot sie mit Stolz und mit Pracht
Und Herrlichkeit gwiss net vaführt,
Und hot do a sellane Macht!
A jeda hot's ei'wendi g'spürt.

Und wia s' a si niedakniat hamm –
Vo de hot si koana vastellt –
Sie falt'n de Händ alle z'samm,
De war'n a weng starr vo' da Kält.

Sie bringan als Erste eahm dar
De Wünsch für a Glück ohne End,
Net groß, aba ehrli und wahr,
So wia's halt an arma Mensch kennt.

Na gengan sie staad wieda naus
Und wischpern a weng mitanand.
Ziahgt jeda sein Geldbeutel raus
Und druckt was an Simmei in d' Hand.

Sie geben's fürs Kind so gern her,
Und bal dös erst größa wor'n is,
Na woaß's scho, sie hamm halt net mehr,
Es kennt de guat Meinung scho g'wiss.

Sie nehman Bfüad Good voranand
Und gengan na hoam durch de Nacht.
In Bethlehem hot ma nix g'spannt,
Vo dene is neamad aufg'wacht.

Und gehts ös in d' Mett'n, ös Leut,
Na roats enk de G'schicht a wenig z'samm!
Und fragt senk, ob dös nix bedeut',
Dass's Christkind bloß Arme g'sehg'n hamm.

Uns ist eine ewige Heimat versprochen
Helmut Zöpfl

Lass leuchten Deinen Stern im Dunkeln, Herr,
der uns führt und leitet durch Nacht und Nebel,
heim in die ewige Heimat,
die wir uns vielleicht gar nicht so fremd
und so überirdisch vorstellen wollen.
Ludwig Thoma hat diese Nacht des Heils
in unsere bayerische Heimat verlegt
und sie uns deswegen so nahe gebracht.
Warum dürfen wir uns das ewige Heil,
das uns in dieser Nacht zugesagt wurde,
nicht schon ein wenig vertraut
und bekannt vorstellen?
Er, der alles gemacht hat,
warum sollte er nicht
die Macht und die Gnade haben,
auch da drüben
noch ein bisserl was von unserem Herüben
sein zu lassen?

Worüber das Christkind lächeln musste
Karl-Heinrich Waggerl

Als Josef mit Maria von Nazareth her unterwegs war, um in Bethlehem anzugeben, dass er von David abstamme – was die Obrigkeit so gut wie unsereins hätte wissen müssen, weil es ja längst geschrieben stand – um jene Zeit also kam der Engel Gabriel heimlich noch einmal vom Himmel herab, um im Stall nach dem Rechten zu sehen. Es war ja sogar für einen Erzengel in seiner Erleuchtung schwer zu begreifen, warum es nun der allererbärmlichste Stall sein musste, in dem der Herr zur Welt kommen sollte, und seine Wiege nichts weiter als eine Futterkrippe. Aber Gabriel wollte wenigstens noch den Winden gebieten, dass sie nicht gar zu grob durch die Ritzen pfiffen, und die Wolken am Himmel sollten nicht gleich wieder in Rührung zerfließen und das Kind mit ihren Tränen überschütten. Und was das Licht in der Laterne betraf, so musste man ihm noch einmal einschärfen, nur bescheiden zu leuchten und nicht etwa zu blenden und zu glänzen wie der Weihnachtsstern.

Der Erzengel stöberte auch alles kleine Getier aus dem Stall, wie die Ameisen und die Spinnen und die Mäuse. Nicht auszudenken, was geschehen konnte, wenn sich die Mutter Maria vielleicht vorzeitig über eine Maus entsetzte! Nur Esel und Ochs durften bleiben, der Esel, weil man ihn später für die Flucht nach Ägypten zur

Hand haben musste, und der Ochs, weil er so riesengroß und so faul war, dass ihn alle Heerscharen des Himmels nicht hätten von der Stelle bringen können.

Zuletzt verteilte Gabriel noch eine Schar Engelchen im Stall herum auf den Dachsparren, es waren solche von der kleinen Art, die fast nur aus Kopf und Flügeln bestehen. Sie sollten ja auch bloß still sitzen und Acht haben und sogleich Bescheid geben, wenn dem Kinde in seiner nackten Armut etwas Böses drohte. Noch ein Blick in die Runde, dann hob der Mächtige seine Schwingen und rauschte davon.

Gut so. Aber nicht ganz gut, denn es saß noch ein Floh auf dem Boden der Krippe in der Streu und schlief. Dieses winzige Scheusal war dem Engel Gabriel entgangen. Versteht sich, wann hatte auch ein Erzengel je mit Flöhen zu tun!

Als nun das Wunder geschehen war, und das Kind leibhaftig auf dem Stroh lag, so voller Liebreiz und so rührend arm, da hielten es die Engel unterm Dach nicht mehr aus vor Entzücken. Sie umschwirrten die Krippe wie ein Schwarm Tauben. Etliche fächelten dem Knaben balsamische Düfte zu und die anderen zupften und zogen das Stroh zurecht, damit ihn ja kein Hälmchen drücken oder zwicken möge.

Bei diesem Geraschel erwachte der Floh in der Streu. Es wurde ihm gleich himmelangst, weil er dachte, es sei jemand hinter ihm her, wie gewöhnlich. Er fuhr in der Krippe herum und versuchte alle seine Künste und schließlich, in der äußersten Not, schlüpfte er dem göttlichen Kinde ins Ohr.

»Vergib mir!«, flüsterte der atemlose Floh, »aber ich kann nicht anders, sie bringen mich um, wenn sie mich erwischen. Ich verschwinde gleich wieder, göttliche Gnaden, lass mich nur sehen, wie!«

Er äugte also umher und hatte auch gleich seinen Plan. »Höre zu«, sagte er, »wenn ich alle Kraft zusammennehme, und wenn du still hältst, dann könnte ich vielleicht die Glatze des heiligen Josef erreichen, und von dort weg krieg ich das Fensterkreuz und die Tür …«

»Spring nur!«, sagte das Jesuskind unhörbar, »ich halte still!«

Und da sprang der Floh. Aber es ließ sich nicht vermeiden, dass er das Kind ein wenig kitzelte, als er sich zurechtrückte und die Beine unter den Bauch zog. In diesem Augenblick rüttelte die Mutter Gottes ihren Gemahl aus dem Schlaf.

»Ach, sieh doch!«, sagte Maria selig, »es lächelt schon!«

Kloana Baam
Oskar Weber

Draußt im Tannawald,
da stehn de kloana Baam –
und de traama bald
an schöna Weihnachtstraam!
Und da Tannawald,
der hat sei liabe Not –
denn de kloana Baam,
de sagn pfüa Good!
Aber drinna in da Stum,
da is a liachta Glanz!
A kloana Baam strahlt um und um
wia a Monstranz!
Draußt im Tannawald,
da fallt der Schnee scho bald –
dann traamt mei kloana Baam
sein Weihnachtstraam!

Nun es nahen sich die Stunden
Adventslied aus dem Sarntal

Nun es nahen sich die Stunden,
dass mein Braut, des Herren Magd,
werden soll von dem entbunden,
was sie in dem Leibe tragt.
Aber wo soll sie gebären
Ihr herzlieabstes glöttlichs Kind,
wo soll ich mit ihr einkehren,
dass ich eine Herberg find'?

Ich will nach Bethlehem gehen,
denn mein' Vaterstadt ist dort,
die wird mir ja offen stehen
als der längst bestimmte Ort.
Ach, ich rufe schon von weiten:
O ihr Bürger, liebe Freund',
nebst so vielen Leuten,
nehmt mich auf, ich bin kein Feind!

Doch die Tür bleibt mir verschlossen
und mein Bitten hat kein' Macht,
überall wird' ich verstoßen
und zwar schon bei dunkler Nacht.
Ach, es lasst sich niemand hören
und die Tore sind schon zu,
sich kein Bürger mehr lasst stören
in der Arbeit oder Ruh.

Wohin soll ich mich begeben,
der ich hier verstoßen bin,
wer wird mir ein' Auskunft geben,
dass ich weiß woraus, wohin?
Gott sei Lob, dort in der Ferne
zeiget sich ein off'ner Stall,
dorthin leitet mich, o Sterne,
denn ich hab kein' andre Wahl.

Kindelwiegen
14. Jahrhundert

Josef, lieber Josef mein,
hilf mir wiegen mein Kindelein!
Gott, der wird dein Lohner sein -
im Himmelreich, der Jungfrau Sohn Maria.

Gerne, liebe Maria mein,
helf' ich dir wiegen dein Kindelein,
dass Gott müsse mein Lohner sein
im Himmelreich, der Jungfrau Sohn Maria.

Erwartung im Advent
Georg Unterbuchner

Nun ist die Nacht gekommen,
die lange, dunkle Nacht.
Die Farben sind verglommen,
die uns der Herbst gebracht.

Kahl sind die weiten Felder,
die Welt, sie schläft in Ruh.
Die still gewordnen Wälder
Deckt weißes Linnen zu.

Der Wind fährt leise durch die Zweige,
verweht das letzte Blatt.
Früh geht der Tag zur Neige,
der kaum begonnen hat.

Doch bald schon wird erglühen
der Freude heller Schein,
die Liebe still erblühen,
und wieder Weihnacht sein. –

Warum der schwarze König
Melchior so froh wurde
Karl-Heinrich Waggerl

Allmählich verbreitete sich das Gerücht von dem wunderbaren Kinde mit dem Schein ums Haupt und drang bis in die fernsten Länder. Dort lebten drei Könige als Nachbarn, die seltsamerweise Kaspar, Melchior und Balthasar hießen, wie heutzutage ein Rossknecht oder ein Hausierer. Sie waren aber trotzdem echte Könige und was noch merkwürdiger ist, auch weise Männer. Nach dem Zeugnis der Schrift verstanden sie den Gang der Gestirne vom Himmel abzulesen, und das ist eine schwierige Kunst, wie jeder weiß, der einmal versucht hat, hinter einem Stern herzulaufen.

Diese Drei also taten sich zusammen, sie rüsteten ein prächtiges Gefolge aus und dann reisten sie eilig mit Kamelen und Elefanten gegen Abend. Tagsüber ruhten Menschen und Tiere unter den Felsen in der steinigen Wüste, und auch der Stern, dem sie folgten, der Komet, wartete geduldig am Himmel und schwitzte nicht wenig in der Sonnenglut, bis es endlich wieder dunkel wurde. Dann wandelte er von Neuem vor dem Zuge her und leuchtete feierlich und zeigte den Weg.

Auf diese Art ging die Reise gut voran, aber als der Stern über Jerusalem hinaus gegen Bethlehem zog, da wollten ihm die Könige nicht mehr folgen. Sie dachten, wenn da ein Fürstenkind zu besuchen sei, dann müsste es doch wohl in einer Burg liegen und nicht in einem armseligen Dorf. Der Stern geriet sozusagen in Weißglut vor Verzweiflung, er sprang hin und her und wedelte und winkte mit dem Schweif, aber das half nichts. Die drei Weisen waren von einer solchen Gelehrtheit, dass sie längst nicht mehr verstehen konnten, was jedem Hausverstand einging.

Indessen kam auch der Morgen herauf und der Stern verblich. Er setzte sich traurig in die Krone eines Baumes neben dem Stall und jedermann, der vorüberging, hielt ihn für nichts weiter als eine vergessene Zitrone im Geäst. Erst in der Nacht kletterte er heraus und schwang sich über das Dach.

Die Könige sahen ihn beglückt, Hals über Kopf kamen sie herbeigeritten. Den ganzen Tag hatten sie nach dem verheißenen Kinde gesucht und nichts gefunden, denn in der Burg zu Jerusalem saß nur ein widerwärtig fetter Bursche namens Herodes.

Nun war aber der eine von den Dreien, der Melchior hieß, ein Mohr, baumlang und so tintenschwarz, dass selbst im hellen Schein des Sternes nichts von ihm zu sehen war als ein paar Augäpfel und ein fürchterliches Gebiss. Daheim hatte man ihn zum König erhoben, weil er noch ein wenig schwärzer war als die anderen Schwarzen, aber nun merkte er zu seinem Kummer, dass man ihn hierzulande ansah, als ob er in der Haut des Teufels steckte. Schon unterwegs waren alle Kinder kreischend in den Schoß der Mütter geflüchtet, sooft er sich von seinem Kamel herabbeugte, um ihnen Zuckerzeug zu schenken, und die Weiber würden sich bekreuzigt haben, wenn sie damals schon hätten wissen können, wie sich ein Christenmensch gegen Anfechtungen schützt. Als letzter in der Reihe trat Melchior zaghaft vor das Kind und warf sich zur Erde. Ach, hätte er jetzt nur ein kleines weißes Fleckchen zu zeigen gehabt oder wenigstens sein Innerstes nach außen kehren können! Er schlug die Hände vors Gesicht, voll Bangen, ob sich auch das Gotteskind vor ihm entsetzen würde.

Weil er aber weiter kein Geschrei vernahm, wagte er ein wenig durch die Finger zu schielen, und wahrhaftig, er sah den holden Knaben lächeln und die Hände nach seinem Kraushaar ausstrecken.

Über die Maßen glücklich war der schwarze König! Nie zuvor hatte er so großartig die Augen gerollt und die Zähne gebleckt von einem Ohr zum anderen. Melchior konnte nicht anders, er musste die Füße des Kindes umfassen und alle seine Zehen küssen, wie es im Mohrenlande Brauch war.

Als er aber die Hände wieder löste, sah er das Wunder: - Sie waren innen weiß geworden!

Und seither haben alle Mohren helle Handflächen, geht nur hin und seht es und grüßt sie brüderlich.

Ein besonderer Tag

Das Wunder Weihnachten

Der Heilige Abend ist auch bei uns zu Hause ein besonderer Tag. Nach einem späten, gemütlichen Frühstück heißt es für die Kinder: ab in die Zimmer. Meine Frau schmückt den Baum, und ich baue, wie jedes Jahr, eine Krippe aus Steinen, Moos und Wurzeln, immer ein bisschen anders.

Am späten Nachmittag fahren wir gemeinsam zum Grab meiner Eltern, stellen auch dort ein Bäumchen mit Kerzen auf, beten und singen Weihnachtslieder. Auf vielen Gräbern brennen schon die Lichter, und meist sind wir um diese Zeit ganz alleine. Da überkommt uns Ruhe und Andacht. Völlig entspannt treten wir dann die Heimfahrt an, um jetzt in unserem gemütlichen Haus zu feiern. Nachdem wir uns festlich angekleidet haben – meine Damen benötigen da etwas mehr Zeit als ich – entzünde ich die duftenden Bienenwachskerzen und läute die Christkindlglocke. Neugierig wird dann schon während »Stille Nacht, heilige Nacht« in Richtung Krippe, Baum und natürlich auch in Richtung Geschenke geschielt.

Nach dem Auspacken essen wir miteinander, die selbst gebackenen Plätzchen finden regen Zuspruch, wir spielen und unterhalten uns. Nur der Fernseher bleibt ausgeschaltet. Vielleicht steigert auch das unser Glück und unsere Freude im Kreis der Familie.

Gerhart Lippert

Advent
Helmut Zöpfl

Der Advent ist die Zeit der Erwartung.

Warten: woran danken wir, wenn wir heute dieses Wort hören? An eine Bushaltestelle vielleicht, an einen Bahnhof, einen Flugplatz. Wir warten, bis der Bus kommt, bis jemand mit dem Zug kommt. Oder wir warten auf das Wochenende, auf den Urlaub, vielleicht aber auch auf einen Lottogewinn oder sogar auf das große Glück.

Langes Warten macht uns manchmal nervös. Ich glaube, dass wir heute ein wenig verlernt haben, dieses Warten aushalten zu können. Immer mehr versucht der Mensch, die Zeit des Wartens abzukürzen. Indem wir der Zeit immer weniger Zeit lassen, suchten wir Zeit zu gewinnen, alles so schnell wie möglich in die Gegenwart hereinzuholen. Ein Höhepunkt muss den anderen jagen. Die Feste, die früher weitgehend durch die Jahreszeiten bestimmt waren, werden nun auch immer mehr von uns installiert.

Unsere Ungeduld verhindert, dass etwas noch seine Zeit hat. Verlieren wir damit aber nicht auch manche Höhepunkte? Ein wenig sollten wir uns zurückerinnern an unsere Kindheit, an das Warten auf etwas, auf jemanden und an die Vorfreude, die ja bekanntlich mit zu den schönsten Freuden zählt. Dazu gehört, dass wir uns wieder ein wenig loslassen können, dass wir uns auf etwas oder jemanden einlassen und uns erfüllen lassen – vielleicht auch erleuchten lassen in der Vorfreude auf jemanden, auf den wir uns verlassen können.

Die Flocken fallen
Helmut Zöpfl

Die Flocken fallen ohne End,
still wie ein Wiegenlied,
ein Lied, das nie ein Aufhörn kennt.
Das Jahr ist alt und müd.

Der Baum unter der Schneelast knarzt,
schaut traurig, düster aus.
Das Jahr kommt jetzt mit Weiß und Schwarz,
fast ohne Farben, aus.

Die Flocken falln, es dämmert schon,
und Ruh herrscht weit und breit.
Man zündet Weihnachtskerzen an.
Jetzt ist die staade Zeit.

Auf der Suche nach dem Schönen
Helmut Zöpfl

Wer jetzt die kahlen Bäume sieht, die fast aussehen wie tote Besen, kommt wohl nicht auf den Einfall, sie als besonders schön zu bezeichnen. Dazu fällt uns in dieser Jahreszeit wohl eher ein bunt geschmückter Christbaum ein. Es könnte aber auch sein, dass uns bei der Betrachtung des entlaubten Baumes in Erinnerung kommt, wie er noch vor ein paar Wochen voll bunten Herbstlaubes war und noch ein paar Wochen vorher herrliche Früchte getragen hat. Ja, und schließlich stand er ja im Frühling im weißen Blütenkleid. Und in ein paar Monaten ist es schon wieder so weit, dass wir uns an dieser Blütenpracht erfreuen können.

Gewiss gehört der Baum, der ja geradezu ein Symbol des Lebens darstellt, zu jenen Erscheinungen, mit denen wir immer wieder das Wort »schön« verbinden. Ich würde den Baum sogar als eine ganz spezifische Erscheinungsweise des Schönen bezeichnen. Aber doch mit Ausnahme des kahlen Wintergeästs? Eigentlich nicht, denn wer intensiv über das Wort »Schönheit« nachdenkt, weiß, dass diese immer nur irgendwie »aufleuchtet«, »erscheint«, dass sie geradezu ein flüchtiger Schein ist, der sich immer nur ganz kurzfristig zeigt. Ich glaube, es gehört zur Erkenntnis des Schönen, dass man versucht weiter und tiefer zu schauen, hinter dem kahlen den

212

blühenden oder Frucht tragenden Baum zu sehen. Sollten wir das nicht auch immer wieder bei den Menschen versuchen? Dass wir, auch wenn die vermeintliche Schönheit nicht mehr da ist, tiefer blicken und uns vergegenwärtigen, wann und wo uns jemand als besonders schön erschienen ist?

In diesem Sinne geht es eigentlich gar nicht so sehr nur um eine zeitlose Betrachtung des Schönen, sondern um ein lebendiges Suchen, so wie Musil sagt: »Etwas schön finden heißt ja wahrscheinlich vor allem: es finden.« Die Suche nach dem Schönen ist gleichzeitig die Suche nach dem Sinn in dieser Welt. Bierbaum bezeichnet Schönheit geradezu als Sinn der Welt und meint: »Schönheit genießen heißt die Welt verstehen.«

Wahrscheinlich liegt die Schönheit nicht einfach nur in den Dingen, sondern es kommt auf uns an, wie wir diese Dinge sehen wollen und mit welchem Engagement wir sie betrachten. Einen der schönsten Sätze über das Schöne hat Christian Morgenstern gesprochen: »Schön ist eigentlich alles, was man mit Liebe betrachtet.«

Dieses Engagement lohnt sich. Gleich, ob man es mit dem Satz von Rudolf Leonhardt hält, der meint, das einzige Mittel das Leben zu ertragen sei, es schön zu finden. Oder ob man sich dem Dichter Jean Anouilh anschließt, der sagt: »Schönheit ist eines der seltenen Wunder, die unsere Zweifel an Gott verstummen lassen.«

Wie schreibt man Advent?
Helmut Zöpfl

Wie:

A   wie Abhetzen
D   wie Dauerstress, dreizehntes Monatsgehalt
V   wie verkaufsoffener Samstag
E   wie Einkaufsbummel
N   wie Nervosität
T   wie Torschlusspanik

Oder:

A   wie Ankunft des Herrn
D   wie Denkpause
V   wie Vorfreude
E   wie Erwartung
N   wie Neubesinnung
T   wie »Tauet Himmel den Gerechten«

Die staade Zeit
Helmut Zöpfl

Manchmal mutet es uns ja geradezu grotesk an,
wenn wir ausgerechnet in dieser Zeit von der »staaden«, der stillen Zeit sprechen. Der Heilige Abend
wirft seit Jahren immer längere Schatten vor sich
her. Die Wochen des Advents sind weniger Tage
der Erwartung, der Vorbereitung und der Stille
geworden, sondern sind angefüllt von Geschäfts-
tätigkeit, Hektik und Hetze. Zu den groteskesten
Erscheinungen gehört es, wochenlang die Lieder
der staaden Zeit am Münchner Marienplatz durch
die Lautsprecher, im wahrsten Sinn des Wortes,
erschallen zu lassen. Vielleicht ist das Grelle und
Laute geradezu zum Symbol für unsere Zeit geworden. Es scheint fast eine Art Teufelskreis zu
sein, der Lärm hat taub gemacht. Je tauber man
ist, desto mehr meint man schreien zu müssen, um
das Ohr noch irgendwie zu erreichen.

Als Einzelne werden wir es sicher nicht schaffen, diese laute Welt zu einer »staaden« werden zu
lassen, aber wir können versuchen, dass in unsere kleine Welt wieder mehr Stille einkehrt, dass
wir in unseren eigenen vier Wänden die größten Lärmquellen abschalten, selber ein wenig abschalten, versuchen, etwas stiller zu werden und
ein wenig zu uns zu finden. »Im Schweigen und
Alleinsein«, sagt Georges Bernanos, »findet man
zu sich selber, und durch diese Wahrheit erhält
man Zugang zur Wahrheit der anderen.«

In der Stille und im Schweigen schöpfen wir auch erst wieder neue Kraft und finden das rechte Wort. »Das Schweigen ist die Quelle des Redens«, sagt Guardini.

Staad werden, das heißt dann auch hinhören auf das andere und den anderen, horchen und Ausschau halten auf etwas hin, was man im lauten Trubel unseres Alltags oft überhört und übersieht. Stille hat auch einen Hauch der Ruhe und des Friedens. Sie steht in enger Verbindung mit dem Geheimnisvollen. Wo der Mensch etwas nicht mehr zu fassen vermag, wo er sich vom Unbegreiflichen angesprochen fühlt, da ist er sprachlos, es fehlen ihm die Worte. Saint Exupéry schreibt: »Stille in der Ruhe des Meeres in seiner Fülle. Stille des Menschen, der sich aufstützt und nachdenkt, der fortan ohne Aufwand empfängt. Stille des Herzens, Stille der Sinne, Stille der inneren Worte, denn es ist gut, wenn du Gott wiederfindest, der die Stille im Ewigen ist.«

Vielleicht sollten wir in diesen Tagen des Advents, der ja dem Worte nach eine Art Warten auf etwas oder jemand ist, auch Ausschau halten auf etwas, das uns wirklich hilft, den Sinn zu finden, etwas, das trägt, wenn das Laute verstummt und es einmal stille wird.

Auch das könnte ein Sinn der staaden Zeit sein, dass wir wenigstens versuchen, etwas Raum in uns zu schaffen, für etwas anderes als unsere eigenen Interessen und Bedürfnisse, und damit ein wenig freier zu werden für den anderen, frei zu werden, um zu erkennen, wo der andere uns braucht, wo wir ihm helfen müssen, aber auch frei zu werden, um zu erkennen, von wem uns geholfen wird. »Wenn du stille wirst«, sagte Goethe, »wird dir geholfen werden.«

Vielleicht finden wir doch etwas Zeit zwischen den Weihnachtseinkäufen, beim Adventssingen und den Weihnachtsfeiern, nachzudenken über das Wort von Meister Eckhart: »Das ewige Wort wird nur in der Stille laut.«

Woran denken Sie, wenn Sie
»Weihnacht« hören?
Helmut Zöpfl

Soviel ich weiß, gibt es, trotz der Fülle der sogenannten repräsentativen Umfragen, die allenthalben gemacht werden und die Daseinsberechtigung der sogenannten Meinungsbefragungsinstitute rechtfertigen, noch keine Dokumentationen, woran unsere Bundesbürger in erster Linie denken, wenn sie das Wort »Weihnachten« hören. Ich habe mich, ohne »repräsentativ« sein zu wollen, einmal ein wenig umgehört.

Natürlich fällt das Ergebnis je nach den verschiedenen Altersstufen anders aus. Es ist sicher kein Wunder, dass viele noch immer mit einem »ans Christkind« antworten. Nun kann es dabei allerdings leider auch passieren, dass manche Kinder das geschichtliche Weihnachtsereignis lediglich mit einer Geschichte oder gar einem Märchen, wie dem von Schneewittchen, gleichsetzen.

Bei vielen Erwachsenen, die wir befragt haben, begann die Antwort mit einem »Oh mei, eine Hetze und ein Stress«. Einige sagten gar: »Froh bin ich, wenn es wieder vorbei ist.«

Sie schimpften auf das völlig überflüssige Geschenkebesorgen und Weihnachtskartenschreiben und jammerten, dass man sich das Ganze endlich sparen soll, weil das doch nichts mit Weihnachten zu tun habe. Was allerdings wirklich mit Weihnachten zu tun hat, sagten sie meist auch nicht.

Fast alle Leute, die wir befragt haben, brachten Weihnachten mit persönlichen Erinnerungen in Verbindung oder erzählten sogar ein wenig aus ihrer Kinder- oder aus der Nachkriegszeit, in der man noch viel weniger hatte und sich über kleine Geschenke noch wirklich freuen konnte.

Die Angehörigen von Musik- und Gesangsgruppen, Musikantinnen und Musikanten und Zitherclubmitglieder antworteten oft mit einem »In dem Jahr wird's wieder ganz besonders schlimm. Wir sind schon bis zum letzten Tag ausgebucht und müssen am Abend sogar zwei- bis dreimal auftreten.«

Für die Theaterakteure von den kleinen Laienbühnen bis zum Staatsschauspieler bietet Weihnachten meist ein ausgefülltes Programm, in dem man dann in der Regel die »Heilige Nacht« von Ludwig Thoma mehr oder weniger gut zum Besten gibt und mit meist mehr schlecht als recht gespielter Ergriffenheit der Tatsache Ausdruck verleiht, dass sich die Zeiten eigentlich gar nicht geändert haben und das heilige Paar wie seinerzeit wohl vor verschlossenen Türen stünde. Wie wäre es, wenn diejenigen, die mit der »staaden Zeit« ihr Geld machen, anstatt nur der großen Trauer über die mangelnde soziale Sensibilität unserer Tage Ausdruck zu verleihen, wenigstens ein Zehntel der Gage für Flüchtlinge und Obdachlose zur Verfügung stellten?

Ja, und woran denken nun Sie, wenn Sie das Wort »Weihnacht« hören? Ich habe vor Jahren meinen Studenten dieses Wort vorgelegt und ihnen den Auftrag gegeben, zu den einzelnen Buchstaben dieses Wortes ihre Vorstellung niederzuschreiben, zum Beispiel: »W wie Wünsche«, »E wie Einkaufen«. Für gar nicht so wenige wurde das **I** zum »Insichgehen«, das **H** zum »Heilsereignis« und das **N** zum »Nachdenken«, das **A** zur »Ankunft des Herrn«, das **CH** zu »Christus«, das **T** zur »tätigen Nächstenliebe«.

Jetzt denken Sie bitte einmal darüber nach, was Ihnen zu diesen Buchstaben einfällt. Ich nehme nun den Buchstaben **E** heraus. E wie Erlöser. Wer kann mit dem Begriff der Erlösung überhaupt noch etwas anfangen? Es wäre sicher auch eine interessante Befragung, was sich Menschen unserer Zeit überhaupt unter Erlösung vorstellen, worin sie ihre Erlösung, ihr Heil suchen.

Etwa durch die Befreiung aus der Tradition, den gesellschaftlichen Normen und religiösen Bindungen? In dem ominösen Wort der »Selbstverwirklichung« steckt für mich auch die Lösung aus den vermeintlichen Zwängen, ein Freiwerden für Wesentliches und Wichtiges. Was dieses aber wiederum ist oder sein könnte, darüber macht man sich nicht unbedingt viele Gedanken. Man kann feststellen, dass sich gerade die, die sich aus bestimmten Zwängen gelöst zu haben meinen, oft in neue, teilweise wesentlich größere Abhängigkeiten begeben haben. Manchmal führt diese

Selbsterlösung sogar zur Flucht in irgendwelchen Aberglauben.

Es wäre zumindest ein nachdenkenswerter Weihnachtsgedanke, ob wir uns wirklich selber erlösen können oder ob wir dazu nicht auch den anderen brauchen. Sehen wir Erlösung als »Einpersonenstück« an, als bloßen Monolog, oder als einen Dialog, eine Antwort und Tat mit und an anderen?

Wir sollten uns, nicht nur zur Weihnachtszeit, an die Frohe Botschaft erinnern, von der sicher hilfreichere Anweisungen gegeben werden als von den meisten Lebenshilfe-Programmen.

Stille Nacht, heilige Nacht
Karl-Heinrich Waggerl

In der Heiligen Nacht tritt man gern einmal aus der Tür und steht allein unter dem Himmel, nur um zu spüren, wie still es ist, wie alles den Atem anhält, um auf das Wunder zu warten. Auf den Höfen sieht man schwebende Lichter, als hätten sich die Sterne gelöst und wanderten nun zu Tal. Das sind die Laternen der Leute, die vom Berg herab zur Mette gehen. Und plötzlich schlagen die Glocken freudevoll zusammen und die Kirche erstrahlt in hundertfältigem Glanz. Gloria singt der Pfarrer mit aller Gewalt. Gloria in excelsis Deo. Und die Leute fallen ins Knie, und es sind wieder Hirten und Bauern, wie damals in der gesegneten Stunde. Nachher singen die Frauen auf dem Chor und der Pfarrer hält auch inne, um das Lied anzuhören, diese holde Weise von der stillen, heiligen Nacht.

Der sie erfand, war kein großer Meister, sondern auch nur ein geringer Mensch. Dieses eine Mal löste ihm der Engel die Zunge, nachher schwieg er wieder.

Aber es ist eine tröstliche Botschaft gewesen, über Grenzen und Zeiten hinaus bewegte sie die Herzen der Menschen. Und damit ist viel getan, denn alles Heil kommt aus der Stille.

In der Christnacht
Günter Goepfert

Wie still es ist;
Mein Atem ist der einz'ge Laut
Ihr Pfade, wundersam vertraut,
seid mir gegrüßt!

Nur mein Gefühl
Lenkt mich in dieser hehren Nacht,
und eine gottgewollte Nacht
weist mir das Ziel.

Nichts scheint heut fern;
Ein jeder Schritt wird mir Gewinn,
und, nur die Krippe tief im Sinn,
folg ich dem Stern …

Es begab sich aber zu der Zeit ...
Helmut Zöpfl

»Es begab sich aber zu der Zeit, dass ein Gebot von dem Kaiser Augustus ausging ...«

Wir alle kennen den Satz, der um die Weihnachtszeit vorgelesen wird. Da ist von einem Begebnis, von einem Ereignis die Rede. Was aber ist so ein Begebnis, ein Ereignis?

Begebnisse und Ereignisse sind in der Regel nicht vorauszuberechnen. Etwas bricht sozusagen in das Leben ein. Da gibt es zwar das Sprichwort, dass große Ereignisse ihre Schatten vorauswerfen, aber eigentlich kommt das Ereignis doch eher unvorhergesehen. Es ist etwas Neues, womöglich auch etwas, das verändert.

Woran denken Sie, wenn Sie das Wort »Ereignis« hören? Bei mir taucht der Begriff Blitz auf, ein Blitz in der Dunkelheit, möglicherweise auch ein Erdbeben.

Ereignisse können etwas Gutes oder Schlechtes sein. Eine Katastrophe, ein plötzliches Unglück ist ebenso ein Ereignis wie etwas Freudiges. Gratuliert man doch zum freudigen Ereignis, zur Geburt eines Kindes.

Ereignisse haben die Geschichte der Welt und der Menschen bestimmt. Da steht schon zu Beginn der Welt das Ereignis der Entstehung, des Urknalls, wie sich die modernen Wissenschaftler ausdrücken, oder der Schöpfung, wie der Gläubige dazu sagt. Gleichsam aus dem Nichts entsteht etwas. Möglicherweise weiß man nicht einmal, woher denn dieses Ereignis kommt.

Wie oft haben unvorhergesehene Ereignisse die Geschichte einen völlig anderen Lauf nehmen lassen! Eine Persönlichkeit tritt auf, eine Erfindung oder eine Entdeckung verändert oft in kürzester Zeit den bisherigen Gang des Geschehens, bedeutet Revolution, möglicherweise aber auch Besinnung, Rückbesinnung.

Begebnisse können etwas sein, was gleichsam mit Pauken und Trompeten hereinbricht, in der Regel beginnen sie aber im ganz Kleinen. Sie sind ja auch irgendwie etwas Punktuelles. Und ein Punkt, das weiß man aus der Mathematik, hat keine räumliche Ausdehnung. Begebnisse geschehen zwar in der Zeit, aber es ist die Frage, ob sie überhaupt eine Zeitdimension darstellen. Sie entstehen aus dem Augenblick. Und auch der Augenblick, wenn man ihn genau betrachtet, hat keinerlei Ausdehnung, ist nicht messbar, er ist die Schnittstelle zwischen Vergangenheit und Zukunft. Unser ganzes Leben »begibt sich« sozusagen in Augenblicken. Jedes Jetzt ist ein Ereignis.

Verfolgen wir diesen Gedankengang einmal im Hinblick auf unsere eigene Geburt, unser eigenes Werden. Kann man den Zeitpunkt unseres Entstehens eigentlich überhaupt in Zeiteinheiten bringen? Naturwissenschaftler haben inzwischen erkannt, dass bei noch so großer Exaktheit ihrer Methoden der Begriff »Zeit« oder »Augenblick« letztlich etwas ist, was man nicht in Formeln bringen kann. Für den Beginn des Lebens, des Lebens auf dieser Welt überhaupt, aber auch unseres eigenen Lebens, gilt das Gleiche. Ist er nicht etwas, und damit wird die Frage metaphysisch, was sozusagen von einer anderen Dimension in unsere Dimension einbricht? Etwas verzeitlicht sich, verleiblicht sich. Das kann, um es platonisch zu sagen, die Verleiblichung einer Idee, oder, vom christlichen Standpunkt aus, die Verleiblichung des Wortes Gottes sein. Etwas kommt vom Transzendenten her, tritt ein. Wie heißt es wiederum im Evangelium: »Und das Wort ist Fleisch geworden und hat unter uns gewohnt.«

Diese Welt ist voller Begebnisse und Ereignisse. Eigentlich ereignet sich ständig irgendwo irgendetwas. Aber nehmen wir diese Ereignisse auch zur Kenntnis? Fühlen wir uns, wenn wir sie wahrnehmen, auch beeindruckt? Ist es nicht so, dass wir Ereignisse oft gar nicht mehr zur Kenntnis nehmen, weil sie uns zu selbstverständlich, zu gewohnt sind?

Ereignisse sind auch irgendwie eine Art Ankunft. Es ist notwendig, dass wir uns bereithalten, damit diese Ankunft auch ankommen kann. Was aber kommt in dieser lauten, schönen Welt noch an? Denn Begebnisse, die wichtig sind, können sich sehr leise abspielen.

Noch etwas. Es ist vom Sprachlichen her nicht uninteressant, dass es heißt: »*Es* ereignet sich«, »*es* begibt sich«, »*es* bricht herein«. Dieses »Es«

muss nicht unbedingt etwas Unpersönliches sein. In ihm drückt sich lediglich so etwas wie Unvorhersehbarkeit aus. Ereignisse sind nicht bis ins Letzte planbar, man kann sie nicht einprogrammieren. Möglicherweise bringen sie sogar ein Programm ganz und gar durcheinander. Ereignisse verhindern, dass etwas wirklich berechenbar, vorhersehbar wird. Sie überraschen, können erschrecken, aber verhindern auch, dass das Leben zu langweilig wird, weil sich nur alles ständig wiederholt. Ereignisse sind etwas Belebendes, ja geradezu Schöpferisches. Ich habe ja schon oben erwähnt, dass wir von einem »freudigen Ereignis« sprechen, wenn ein kleines Kind geboren wird. Wie sagt Jostein Gaarder in dem Buch »Durch einen Spiegel in einem dunklen Wort« so schön: »Die Welt wird jedes Mal neu erschaffen, wenn ein Kind geboren wird.«

In jener Heilsnacht wurde nicht irgendein Kind geboren, sondern *das* Kind. Man kann zur christlichen Religion stehen, wie man will, aber eines ist sicher: Das Begebnis, das Ereignis jener Heilsnacht hat die Welt, die damalige und auch noch die heutige, total verändert. Machen Sie einmal eine Wanderung in die Geschichte, was wohl geworden wäre, wenn dieses Ereignis nicht stattgefunden hätte. Gewiss wäre vieles, wenn nicht alles, anders gelaufen auf dieser Welt.

Mit einem bisschen Nachdenken erkennen wir, dass wohl keiner von uns auf der Welt wäre, weil all die Begegnungen, die für unsere Geburt verantwortlich waren, in einer anderen Kultur nicht stattgefunden hätten. Ob man nun an Christus glaubt oder nicht, jeder von uns verdankt jenem Ereignis von Bethlehem irgendwie auch sein eigenes Dasein. Jede einzelne Geburt ist eine Begebenheit, ein Ereignis, das seinesgleichen sucht. Jede Geburt, jedes Kommen in diese Welt ist etwas Einmaliges, Unverwechselbares, Besonderes. Vielleicht sollten wir selber aus diesem Ereignis, für das wir nichts können, etwas Besonders machen. Und auch wenn wir nicht gleich die Nacht zum Tag werden lassen können, können wir zumindest versuchen da und dort eine kleine Kerze anzuzünden.

Das Leise verstehn
Helmut Zöpfl

In unserer Zeit,
wo bloß ghört wird, wer schreit,
wo mit Phonzahl man misst,
wer der Bessere ist,
in unserer Welt,
wo das Laute bloß zählt,
wo man meinen könnt, bloß
das Laute wär groß,
wär's öfter nicht schlecht,
wär's öfter ganz recht,
wenn man dran denkt, wie viel
ganz Großes oft still,
so leise geschieht,
dass man's fast gar nicht sieht.

Am Himmel die Stern',
da ist nichts zu hörn,
ziehen ruhig ihre Bahn
vom Anfang her an.
Der Tag und die Nacht,
die kommen ganz sacht
und gehen bald schon
still wieder davon.
Das Jahr geht den Kreis
ganz still und ganz leis.

Wie was wächst und was grünt,
gwiss keiner vernimmt –
und tät er auch gern
das Gras wachsen hörn.

Die Zeit, die nie ruht,
ihr Werk immer tut,
unhörbar sie teilt,
an allem dran feilt.

Und wer steht im Leben
bei uns stets daneben?
Wer ist's der schon jetzt
seine Sense still wetzt?

Und zu guter Letzt, wer
wirkt leiser wie ER?
Du siehst ihn oft nur,
spürst du auf seine Spur.
Überhörst da und dort
seine Sprache, sein Wort.

Drum horch dich nur um:
Die Welt ist nie stumm.
Willst, was wichtig ist, sehn,
musst du's Leise verstehn,
dein Herz muss hinhörn,
du selbst ganz still werdn.

Ich sag Grüß Gott zu Dir
Helmut Zöpfl

Ich sag Grüß Gott zu dir,
du göttliches Kind,
das in der Krippe hier
im Stalle ich find.

Schön, dass du uns heut
geboren hier bist.
Sei uns gegrüßt.

Ich bring nicht Gold zu dir,
weil ich keines hab.
Doch habe ich dafür ein' andere Gab.

Ich schenk dir dies Lied,
das ich für dich sing.
Ich schenk mein Lächeln dir,
das ich vor dich bring.

Und weil die Gaben mein
sind immer noch klein,
pack ich den schönsten Traum
dir auch noch mit ein.

Ich gebe selber dir
mich hin als ein Pfand.
Ich schenke mich dir hin
mit Kopf, Herz und Hand.

Ich sage Grüß Gott zu dir,
du göttliches Kind,
das in der Krippe hier
im Stalle ich find.

Schön, dass du uns heut
geboren hier bist.
Sei uns gegrüßt.

Die kleine Schneeflocke
Karin Jäckel

An einem Winternachmittag, der mild wie im Frühling war, trug der Wind die Dämmerung aus den Gletscherspalten herunter und setzte sie auf einer Wiese nahe am Waldrand ab. Dort ging sie durch das Gras und ließ ihre blauen Schleier wehen, bis es ringsum immer dunkler wurde.

Und wie sie so vorsichtig die Füße setzte, um die in der Erde schlafenden Knospen nicht zu verletzen, fand sie plötzlich eine schimmernde Schneeflocke.

»Was machst du denn hier?«, fragte die Dämmerung verwundert. »Weißt du denn nicht, dass auf der Erde Schmelzgefahr für dich besteht?«

»Doch«, flüsterte die kleine Schneeflocke und war schon recht durchsichtig. »Aber ich wollte so gern die Kinder kennenlernen und Rodelschlitten und ...«

»Vergiss es!«, lachte die Dämmerung. »Der Winter ist abgeschafft. Rodelschlitten kennen die Kinder fast nicht mehr.«

»Aber warum?«, rief die kleine Schneeflocke. »Mögen sie keinen Schnee?«

»Doch, doch«, antwortete die Dämmerung. »Auf den höchsten Bergen suchen sie ihn. Aber auch dort schneit es nicht.«

»Kennst du Petrus?«, fragte die kleine Schneeflocke. »Den Wettermacher?«

»Nicht persönlich«, gab die Dämmerung zurück. »Was ist mit ihm?«

»Er kann nicht mehr auf die Erde gucken«, sagte die kleine Schneeflocke. »Das längste Himmelsfernrohr reicht nicht aus, durch die schmutzigen Wolken zu schauen. Darum weiß niemand bei uns oben welche Jahreszeit herrscht.«

»Du musst es ihm erzählen!«, rief die Dämmerung. »Du hast es ja gesehen.«

»Das geht nicht«, wisperte die kleine Schneeflocke. »Ich – schmelze. Und die Regentropfen müssen in den Wolken warten, die zu schwer sind, um bis zu Petrus aufzusteigen.«

Die kleine Schneeflocke war immer wässriger geworden. Bei ihren letzten Worten rann sie als Tropfen ins Gras und wäre verschwunden, hätte die Dämmerung sie nicht aufgefangen und in ihr Schultertuch geschoben.

»Roll mir nicht davon, kleine Schneeflocke«, mahnte sie dabei. »Ich will sehen, was ich für dich tun kann. Lass mich nur erst meine Schleier ausbreiten, damit die Nacht sich ihre Sternenaugen nicht im hellen Licht verdirbt.«

Langsam ging sie weiter, spannte ihre Schatten von Baum zu Baum und gelangte schließlich an einen See. An seinem Ufer saßen die Geschwister Nebel zusammen, die zwischen den Schleiern der Dämmerung Versteck spielen wollten.

»Hört mal«, sprach die Dämmerung sie an, »ihr müsst mir helfen. Tragt ihr ausnahmsweise einmal an meiner Stelle die Dunkelheit mit euren Nebelgewändern aus. Ich muss in meinen Berg zurück.«

Die Geschwister Nebel fragten nicht viel und ließen sich auch nicht lange bitten. Doch da sie nicht arbeiten konnten, ohne gleichzeitig zu spielen, feuchteten sie zuerst ihre Kleider im See. Dann griffen sie mit beiden Händen in die nassen Säume und schüttelten sie bei jedem Schritt. Wo sie gegangen waren, blieb eine Spur, die wie Diamanten funkelte.

Die Dämmerung aber eilte inzwischen zu ihrer Gletscherspalte. Dort war es grabeskalt. Die Wände glitzerten blau, und in den unterirdischen Domen aus Eis wuchsen Zapfen so dick wie Säulen.

»Nun werde wieder, was du warst«, rief die Dämmerung und hob den Regentropfen aus ihrem Tuch. »Ich will dir meinen Nachbarn, den Nordwind, rufen. Er allein kann es vielleicht schaffen, eine Schneeflocke durch Frühlingsluft zum Himmel zu blasen.«

Den Nordwind kannte die kleine Schneeflocke gut. Fröhlich kraulte sie ihm den grauen Bart und kuschelte sich in seinem Pelz zurecht, bis der alte Boreas vor Behagen sacht zu stürmen begann.

Das klang so fremd in der lauen Luft, dass die Nacht ihre Mondlaterne hervorholte und voll Neugier ihre Sternenaugen noch heller leuchten ließ als sonst. Die kleine Schneeflocke aber war schon unterwegs. Und wenn es morgen schneit, weißt du, dass sie es geschafft hat.

So hat die Menschheit geharrt
Helmut Zöpfl

Wie nach dem Winter,
wenn er rau war und hart,
man voller Sehnsucht
das Frühjahr erwart',
wie die Wiese, das Feld,
von der Sonn ausgedürrt,
schon wart', dass es wieder
den Regen verspürt,
wie man wart' auf den Brief
von wem, den man mag,
wie man wart' auf den Abend
nach so einem Tag,
an dem man geschuftet,
gearbeitet viel,
wie ein Marathonläufer
herbeisehnt das Ziel,
wie man wartet
auf Frieden und Ruhe im Krieg,
eine Mutter,
dass sie ihren Sohn wieder sieht.
Wie man wart' nach der Drangsal
aufs Ende der Not,
wie ein Hungriger wart'
auf ein kleines Stück Brot.
So viel und noch mehr
hat die Menschheit geharrt,
auf dein Zeichen, dein Wort,
deinen Wink einst gewart',

bevor der Stern
die Nacht hat erhellt,
als du deinen Sohn
hast geschickt in die Welt.
Ohne Hilfe von dir,
seine rettende Hand
würden heut noch wir warten
umsonst allesamt
auf die Zusag von dir,
dass du an uns denkst
und nach dem Advent
uns das Heil einmal schenkst.

Gott
Helmut Zöpfl

»Der Unglaube ist der ständige Stachel des Glaubens«, hat Peter Wust einmal gesagt. Dies trifft gewiss auf manche Leute zu, die vorgeben Atheist zu sein. Denn irgendetwas glauben sie allemal. Auch der Atheist glaubt ja daran, dass es keinen Gott gibt. Wobei es natürlich oft ein wenig paradox klingt, wenn er beteuert: »Ich bin froh, dass ich Atheist bin. Gott sei Dank.«

Nun ist es sicher so, dass auch ein gläubiger Mensch Schwierigkeiten mit seinem Glauben bekommen kann und es ihm nicht leicht fällt, Gott zu begreifen. Aber gehört diese Unbegreiflichkeit nicht irgendwie zum Gottesbegriff? Deshalb stellt auch Graham Green fest: »Ich würde mich weigern an einen Gott zu glauben, den ich verstehen könnte.« Aber auch wenn man ihn nicht begreift, beziehungsweise nicht begreifen kann, werden wir doch immer wieder von ihm ergriffen. So meint Charles Journet: »Es ist wahr, dass man über Gott nicht sprechen kann, aber noch weniger kann man über ihn schweigen.«

Ist es nicht interessant, dass auch die moderne Naturwissenschaft in zunehmender Weise Gott ins Spiel bringt? Das geschieht vornehmlich da, wo sie wieder über ihren Urgrund nachdenkt und plötzlich auch ihre Grenzen erkennt, indem sich ihr immer mehr Fragen stellen, die naturwissenschaftlich nur schwer oder gar nicht zu beantworten sind. Es sind dies die uralten Fragen der Menschheit nach dem Woher, dem Warum und dem Wohin.

Da ist es bemerkenswert, dass an die Stelle eines allenfalls deistischen Gottesbildes, eines Gottes, der die Schöpfung ein für alle Mal mit dem Schöpfungsakt beendet hat, ein »lebendigeres« Gottesbild getreten ist. Es wird sogar der Einstein'sche Satz »Gott würfelt nicht« angezweifelt, indem man von naturwissenschaftlicher Seite die Schöpfung als etwas nicht Abgeschlossenes, Kreatives und Spielerisches betrachtet. Werner Heisenberg hat den wichtigen Satz gesprochen: »Der erste Trunk aus dem Becher der Naturwissenschaft macht atheistisch, aber auf dem Grund des Bechers wartet Gott.«

So kommt dann aber auch wieder ein vielleicht auch bei Gläubigen etwas vernachlässigter Gedanke ins Spiel, dass man Gott nicht nur als »lieben«, sondern auch als »allmächtigen«, »gewaltigen« Gott anerkennt und verehrt. Bei immer mehr bedeutenden Naturwissenschaftlerinnen und Naturwissenschaftlern finden wir deshalb eine Haltung, die leider machen Geisteswissenschaftlern abhanden gekommen ist, die der Ehrfurcht und der Demut vor dem Unbegreiflichen. »Gott ist das dunkelste aller Geheimnisse und zugleich das sichtbarste; er ist wie eine grelle, blendende Finsternis«, stellt Peter Lippert fest.

August Everding hat einmal gesagt, dass er weniger auf einen gerechten Gott hoffe als vielmehr auf einen gütigen. Aber auch auf einen allmächtigen können wir allemal vertrauen, wenn wir uns intensiv mit der Großartigkeit der Schöpfung im Sinne der neuesten naturwissenschaftlichen Erkenntnisse auseinandersetzen. Und da können sich dieses Hoffen und Vertrauen verbünden, indem wir zu unseren eigenen Gunsten die Frage stellen, ob dieser allmächtige Gott etwas geschaffen haben soll, damit es lediglich wieder ins Nichts verrinnt.

Auch wenn sich mancher Atheist, und das muss man ihm zugestehen, eben nicht bekehren lässt, sei doch zum Schluss jene schöne Feststellung eines seiner »Kollegen« zitiert, der im Wortstreit mit einem Gläubigen gesagt haben soll: »Ich glaube jedenfalls an kein Fortleben nach dem Tod. Und wenn du gestorben bist, dann wirst du schon sehen, dass ich Recht habe.«

Und wieder ist das Jahr fast um
Helmut Zöpfl

Und wieder ist das Jahr fast um,
geht bald dem Ende zu.
Die Flocken falln, um mich herum
beginnt die große Ruh.

Viel trüber scheint die Welt zu sein.
Wir schauen nach dem Licht,
das uns von ferne Hoffnung bringt,
wenn's in das Dunkel bricht.

FEST DER LIEBE

Warum der Schenkende
der Beschenkte ist

Was für ein Geschenk ist es, gesunde Kinder zu haben und sie aufwachsen zu sehen, sich intensiv mit ihnen zu beschäftigen, ihnen abends am Bettchen selbst erfundene Geschichten zu erzählen und Märchen vorzulesen, besonders in der Vorweihnachtszeit!

Leider ist aber all das nicht selbstverständlich.

Bedrückend und schmerzlich sind Advent und Weihnachten für die Außenseiter unserer Gesellschaft, für die Behinderten und Kranken. Da denke ich vor allen Dingen an die krebskranken Kinder. Deren Schicksal konnte ich aus nächster Nähe kennen lernen. Seit 17 Jahren arbeite ich für die Kinderkrebshilfe in Tirol und Vorarlberg. In der Weihnachtszeit gehört immer das Singen und das Vorlesen von Weihnachtsgeschichten für alle Altersgruppen auf der Krankenstation mit dazu. Das ist eine wunderbare Aufgabe – und gleichzeitig eine gewaltige Herausforderung. Es gilt, angesichts einer Konfrontation von Leben und Tod wenigstens ein bisschen Freude und Optimismus zu vermitteln.

Alles, was wir für die Kinder tun, wird weit übertroffen von dem, was wir von den Kindern an Zuneigung zurückbekommen, sodass am Ende wir die Beschenkten sind.

Gerhart Lippert

Ein Weihnachtsbrief an die Tochter
Helmut Zöpfl

Weil du ein gescheites Kind bist, liebe Kathi, stellst du viele Fragen. Ein paar davon können Mama, deine Schwester und dein Bruder, deine Großeltern und ich beantworten. Aber auf viele davon wissen wir, und auch deine Lehrerin, keine Antwort. Fragen von Kindern sind nämlich oft schwerer zu beantworten als die Fragen im Millionenquiz. Das Besondere an ihnen ist, dass sie oft etwas ganz Wesentliches wissen wollen, über den – wie die gescheiten Philosophen sagen – Grund und den Anfang. Viele Fragen beginnen mit »Warum«. Gerade dann ist eine Antwort besonders schwierig. Denn oft gibt es nicht nur einen, sondern viele Gründe. Oder es gibt einen ganz geheimnisvollen Grund. Aber die Erwachsenen meinen oft, es gäbe nur einen einzigen Grund. Viele von ihnen wollen auch keine Geheimnisse gelten lassen und meinen, dass man alles mit Zahlen angeben kann. Dann nennen sie irgendeine Zahl mit vielen Stellen hinter dem Komma. Damit sind Erwachsene meist zufrieden. Die Kinder aber nicht.

Du hast mich in der letzten Zeit immer wieder gefragt, ob es das Christkind gibt. Ich will dir heute etwas vorlesen, was die achtjährige Virginia O'Hanlon aus New York auch schon wissen wollte.

Vor mehr als hundert Jahren, am 20. September 1897, schrieb sie an die Zeitung *The New York*

Sun. Die Sache war Chefredakteur Francis P. Church so wichtig, dass er dem kleinen Mädchen selbst antwortete. Der Briefwechsel war bei den Lesern so beliebt, dass er bis zu Einstellung der Zeitung im Jahr 1950 immer zu Weihnachten auf der Titelseite abgedruckt wurde. Damit war er der meistgedruckte Zeitungsartikel aller Zeiten.

Ich bin acht Jahre alt. Einige von meinen Freunden sagen, das Christkind gibt es nicht. Papa sagt, was in der »Sun« steht, ist immer wahr. Bitte, sagen Sie mir die Wahrheit: Gibt es das Christkind?

Virginia O'Hanlon, 115 West 95th Street

Virginia, deine kleinen Freunde haben Unrecht. Sie glauben nur, was sie sehen. Sie glauben, dass es nicht geben kann, was sie mit ihrem kleinen Geist nicht erfassen können. Aller Menschengeist ist klein, ob er nun einem Erwachsenem oder einen Kind gehört. Im Weltall verliert er sich wie ein winziges Insekt, wie eine Ameise. Solcher Verstand reicht nicht aus, die ganze Wahrheit zu erfassen und zu begreifen.
Ja, Virginia, das Christkind gibt es wirklich. So gewiss, wie es Liebe und Großherzigkeit und Treue gibt. Weil es all das gibt, kann unser Leben schön und heiter sein. Wie dunkel wäre die Welt, wenn es kein Christkind gäbe! Es gäbe dann auch keine Virginia, keinen Glauben, kei-

ne Poesie, gar nichts, was das Leben erst erträglich machen würde. Ein matter Rest an sichtbarem Schönen bliebe übrig. Aber das Licht der Kindheit, das die Welt erfüllt, müsste verlöschen. Es gibt ein Christkind.

Gewiss, du könntest deinen Papa bitten, er solle am Heiligen Abend Leute ausschicken, das Christkind zu fangen. Und keiner von ihnen bekäme es zu Gesicht. Doch was würde das beweisen? Es beweist gar nichts! Die wichtigsten Dinge bleiben meistens unsichtbar.

All die Wunder zu denken, geschweige sie zu sehen, das vermag nicht der Klügste auf der Welt. Eine Rassel kannst du da aufbrechen und nachschauen, was drin ist und den Lärm erzeugt. Aber es gibt einen Schleier, den nicht einmal alle Gewalt auf der Welt zerreißen kann. Nur Glaube und Poesie und Liebe können ihn lüften. Dann wird die Schönheit und Herrlichkeit dahinter auf einmal zu erkennen sein. »Ist das denn auch wahr?«, kannst du fragen. Virginia, nichts auf der ganzen Welt ist beständiger. Das Christkind lebt, und es wird ewig leben. Sogar in zehnmal zehntausend Jahren wird es da sein, um Kinder wie dich zu erfreuen.

Frohe Weihnacht, Virginia.

Liebe Kathi, auch ich will noch etwas dazu sagen: Du weißt genau, dass wir Menschen nur einen ganz kleinen Teil von all dem sehen, was es gibt. Niemand sieht die kleinsten Teile, die Atome, aus denen alles zusammengesetzt ist. Und doch gibt es sie wirklich.

Vieles, was wir nicht sehen, das spüren und fühlen wir. Denk zum Beispiel an die Luft: Du atmest und lebst davon, du spürst den Wind oder den Lufthauch, wenn Mama dahin bläst, wo du dir wehgetan hast. Ähnlich ist es auch mit Gott und dem Christkind. Manche sagen sogar, dass man in allem den Atem Gottes spürt.

Oder denk an das Licht: Wir bemerken es erst an den Dingen, wenn sie hell werden, wenn sie zu glänzen und zu leuchten beginnen. Durch das Licht beginnt etwas zu strahlen. Wo etwas hell wird, ist es »licht.«

Das Christkind hat in der Heiligen Nacht alles zum Leuchten gebracht. Wenn es uns anstrahlt, beginnen auch wir Freude auszustrahlen. Du kannst das Licht der Heiligen Nacht weitergeben und etwas dazutun, dass der Stern von Bethlehem weiter, ja sogar noch etwas heller leuchtet.

Überall, wo du also dieses Strahlen bemerkst, wo etwas hell aufleuchtet und wo du etwas Liebes, Gutes und Schönes bemerkst, hat das Christkind seine Hand im Spiel. Jeder von uns – ist das nicht wunderbar? – kann von diesem Wunder der Heiligen Nacht auch etwas weitergeben. Und das Wunderbarste ist: Wenn wir etwas von dem Guten und Lieben an andere abgeben, dann vermehrt es sich dadurch – sogar in uns selbst. Genauso wie bei der Brotvermehrung im Evangelium.

Nun freuen wir uns schon sehr darauf, wenn wir heute beim Schenken, Singen und Gespräch wieder etwas von dem Glanz der Heiligen Nacht erfahren und weitergeben können. Vor allem freuen wir uns natürlich, wenn deine Augen zu strahlen beginnen und wenn wir die schönen Bilder sehen, die du sicher wieder für uns gemalt hast und bei denen das Christkind bestimmt mitgemalt hat.

Dein Papa

Zum Weihnachtsbaum
Peter Rosegger

Friede war im Wald
und jeder Baum war beglückt
durch schöne, reife Frucht,
womit der Herbst beschmückt
die Äste all, dass jeder Zweig sich bieget
bis hoch hinauf, wo leise die Krone sich wieget.
Doch leider, wo's zum Segen will gedeihen,
da findet sich auch gern der Hochmut ein
und selbst der Neid. Und jeder
wollt sich prahlen,
dass seine Frucht die schönste sei von allen,
und jeder hing an seine längsten Äste
als stolzes Aushängeschild der Früchte beste.
Es war ein herrlich Wogen bis zur Spitze,
ein Wetten, wer das Beste wohl besitze.

Nur eines litt im Wald viel Weh und Gram
und barg sich ins Gesträuch voll tiefer Scham.
Ein Tannenbäumchen war's gar
schmächtig, schlank,
wohl aller Früchte, auch der ärmsten, blank,
und während andere stolz im vollen Prangen
hätt es an seinem Stamm nur Nadeln hangen,
nur dunkelgrüne Nadeln, scharf und spitz,
sie stachen es, doch schärfer stach der Witz

der anderen und ihr Hohn,
gar schal und widrig
dem schlichten Bäumchen,
weil's so arm und niedrig.
Es flüsterte der Wald sich in die Ohren
Vom Taugenichts, der da umsonst geboren,
und warf ihm boshaft
gar zum Spott und Schmach
die ersten gelben, dürren Blätter nach.
Das schnitt dem Bäumchen tief ins junge Herz,
es wollte schier vergehen in Leid und Schmerz
und weinte, tief bedrängt vom Weh,
dem schweren,
das Harz heraus, die bittersten der Zähren.
So duldete das Bäumchen still und fromm.

Da zog hernieder durch den mächtigen Dom,
ein Engel aus des Himmels heiligen Hainen,
er sah den armen Dulder schmerzlich weinen.
Er ließ sich erdenwärts vom weiten Raum,
zur armen Tanne sprechend: »Liebster Baum!
Du warst bisher verachtet und verflucht,
doch tragen wirst du noch die schönste Frucht,
die je ein Baum getragen hier auf Erden,
du sollst der Baum
der höchsten Freude werden.«

Wie wurde jetzt der Himmel trüb und grau!
Es blies ein kalter Wind auf Heid und Au,
er heulte durch den Wald voll wilder Hast
und rüttelte die letzte Frucht vom Ast.
Oh, bald war jeder Baum, der einst geprahlt,
der Frucht und Blätter bar, gar kahl und alt,
es fielen Flocken und es krächzten Raben,
und sieh, der stolze Wald war wie begraben.

Nur jenes Bäumchen steht noch frisch und frei,
und grünt und flüstert sanft wie einst im Mai.

Und als die heilige Nacht gekommen war,
da schwebte durch den Wald die Engelschar
zum Bäumchen zart,
und trug es durch die Nacht
in festlich aufgegangener Strahlenpracht.

Weihnachtswünsche
Helmut Zöpfl

Der Bua a neus Radl,
a Stereoanlag 's Madl,
d' Mutter ganz nobel
nach am Nerz jetzt an Zobel
– der is besser zum tragn –,
der Vater an Wagn.
Nix, nix is' z' teuer
fürn Weihnachtswunsch heuer.
Doch vielleicht waars auf echt
gar net so schlecht,
wenn ma ganz brav und bieder
auf Weihnachten wieder
des Jahr mal dro denkn,
mehr Weihnachtn z' schenkn.

Stern der Verheißung
Karl-Heinrich Waggerl

Advent, das ist die Zeit, in der das Jahr zu ver-
welken scheint, sogar die Sonne wird müder von
Tag zu Tag. Im Sommer schwang sie sich von der
Zinne des Berges weg über den ganzen Himmel,
und jetzt ist sie eine alte Frau. Sie geht nur noch
ein wenig am Rand der Welt entlang. Gleich sinkt
sie wieder in den Wald zurück. Das Herz wird
einem schwer, weil der Sommer so flüchtig ist
bei uns in den Bergen, verschwenderisch, ja stür-
mischer als anderswo, aber so kurz. Und dann
geschieht es doch einmal, dass der verhangene
Himmel in den Adventsnächten aufbricht, und
ein glänzendes Gestirn tritt hervor, der Stern
der Verheißung. Denn immer noch ist Maria
unterwegs mit dem Zimmermann auf der Suche
nach einer Heimstatt für das Kind. Und das kalte Herz der Mitmenschen treibt sie umher auf
der Flucht vor dem Hochmut der Mächtigen.
Das ist die Mahnung des Advent. Seht euch vor,
dass ihr nicht an die Stelle des Wirtes geratet, der
das Heil seiner Seele von der Tür gewiesen hat.

Wer aber ist mein Nächster?
Helmut Zöpfl

Der Nächste ist derjenige, der uns braucht – eine Verpflichtung, die jeden Augeblick neu auf uns zukommen kann und die zur konkreten Tat, zur Hilfe herausfordert. Nicht die Liebe zu einem hohen Wert, zu etwas Ideellem, ist gefordert. Es gilt vielmehr, etwas gleich zu tun und es nicht auf die lange Bank zu schieben. Ich will es ganz einfach ausdrücken: Die hohen Werte laufen uns nicht davon, aber der Nächste braucht uns, dich und mich, jetzt, in diesem Augenblick.

Sinkendes Jahr
Georg Unterbuchner

Schon fallen die grauen Schleier
ins Land herein,
es dunkeln die Spiegel der Weiher,
die Krähen schrein.

Die kühlen Nächte sich längen,
Sommer und Sonne sind fern,
an Baum und Büschen hängen
bald Reif und Silberstern.

Und kalt die Winde wehen,
die Lichter löschen aus,
wie dunkle Schritte gehen
die Träume um das Haus. –

Soll nun zu leben sich lohnen
halt deine Seele bereit,
nur die in den Sternen wohnen,
wohnen über der Zeit.

Wer verzeiht, irrt nie
Karl-Heinrich Waggerl

Lang vor Tag läuten die Glocken zur Messe. Es ist bitterkalt in der Kirche, der Atem dampft weiß vor dem Mund des Pfarrers, wenn er das Rorate coeli betet und inbrünstig fleht: Tauet, Himmel, den Gerechten!

Wenn die Tür sich öffnet, stäubt Schnee herein, der Wind torkelt durch die Kirche und wirft sich ungestüm an den Altar, sodass die Lichter erschreckt zusammenzucken. Die Kirchleute drücken die Tür wieder zu und schütteln sich und klopfen an der Torsäule die Schollen von ihrem Schuhwerk. Schwerfällig und steif vom Frost poltern sie in die Bänke, dann kleben sie die Adventskerze vor sich auf das Pult, sie hauchen in die Hände und falten sie um das Licht und wärmen die Finger daran. Aus den Bärten der Männer tropft das tauende Eis, und die Weiber haben weißgefrorene Nasen – mein Gott, was für eine Kälte in diesem Jahr!

Auch in die Fenster stellt man zur Kirchzeit brennende Kerzen, damit Maria den Weg findet und einen Trost hat, wenn sie im Dunkeln vorübergeht. Man legt neugewebtes Linnen oder ein paar Wollsträhne vor die Krippe im Seitenschiff der Kirche. Von Zeit zu Zeit sammelt der Pfarrer diese Gaben und verteilt sie unter den Armen, aber eigentlich ist das alles der Lieben Frau geschenkt, Linnen und Wolle, weil sie so arm ist und nichts hat, um ihr Kindchen darauf zu betten.

Im Stall kniet sie, ihr Gesicht ist aus weißem Wachs geformt, schön rund und rot blühen die Wangen. Zwei blaue Glasperlen sind die Augen, die schauen so rührend unschuldig ins Leere. Verwirrt ist die jungfräuliche Mutter, ein wenig erstaunt und schämig nach allem, was an ihr geschehen ist. Und vor ihr auf einer Schütte Stroh liegt das rosige Himmelskind, da zappelt es und breitet seine Ärmchen aus, und Ochs und Esel stecken die Köpfe herein und beglotzen das Wunder. Der Ochs hat sogar noch ein Büschel Heu im Maul, aber er kaut nicht mehr, er starrt nur und starrt, und so tun seither die Ochsen alle. Sie schauen stundenlang vor sich hin und denken nach und begreifen es nie.

Joseph hingegen steht am Hackstock und versucht die neue Axt, die er vom Schmied geschenkt bekommen hat. Gleich wird er Feuer anmachen und einen Topf für die Suppe zusetzen. Draußen kommen ja schon die Hirten gelaufen, Käse bringen sie und Brot, und einer schiebt ein Lämmchen vor sich her. Ja, alle sind unterwegs, sie rennen und werfen die Arme empor, Sennhüter mit zottigen Bärten, Weiber und Buben, und nur der gläserne Hund sitzt hoch oben im Gebirge und bewacht das Schweizerhäuschen zwischen seinen Pfoten. Über allem aber schwebt ein Engel, golden gefiedert, der Bote des Friedens.

Das hat der Pater Johannes schön gemacht, auch der Pfarrer findet ein herzliches Gefallen daran. Seht nur den Hund auf dem Berg, den blauen Glashund, ist er nicht wunderbar? Und dass der erste Hirt eine wirkliche Laterne trägt mit einem winzigen Kerzchen darin, das man vielleicht sogar anzünden kann, betrachtet das alles, sagt er in der Predigt.

Betrachtet auch den Vater Joseph. Er hatte ja seine Werkstatt in Nazareth, Haus und Garten und ein paar Geißen dabei, und nun dachte er, dass er wohl auch eine Frau haben könnte, etliche Kinder um die Beine, wenn er auf dem Zimmerplatz stand. Das wäre nicht schlecht, meinte er. Seht, und da war Maria vom Nachbarn, die gefiel ihm schon lange, er überlegte das hin und her in seinem Kopf. Du könntest einmal ein Wort fallen lassen, dachte er, sie wäre die Rechte für das Haus und die Geißen und alles. Ja, das machte er dann so, und es war gut, bis der Engel mit der Botschaft kam, meine Lieben. Das lag dem Mann schwer auf der Seele, glaubt mir, als seine Braut schwanger ging, das war hart für ihn, die Zweifel und das Gerede in Nazareth. Und dennoch verstieß er sie nicht und vertraute ihr. Wenn ihr aber das bedenkt, so ist es mehr als der Lobgesang der Hirten und das Gold der Könige, denn Joseph erkannte den ungeborenen Gott, bloß durch die Kraft seines Vertrauens und seiner Liebe. Und es möchte wohl zuweilen geschehen, dass der Herr in einem von euch ein Werk tut, und ihr haltet ihn für sündig dem Ansehen nach. Aber das sollt ihr nicht tun, ihr müsst auf den Engel hören, sagt der Pfarrer. Wer seinen Bruder verurteilt, der kann immer irren, aber wer ihm verzeiht, der irrt nie.

Fremde und Andere
Helmut Zöpfl

Wer um die Weihnachtszeit eines der zahlreichen Adventssingen bei uns in Bayern besucht, wird feststellen, dass die sogenannte Herbergssuche darin einen großen Raum einnimmt. In Wort und Lied wird immer wieder verdeutlicht, wie das Heilige Paar auf der Suche nach einer Herberge abgewiesen wurde. Ludwig Thoma hat in seiner ‚Heiligen Nacht' die Frage gestellt, wie es wohl heute wäre, wenn das Heilige Paar wieder zu uns käme und anklopfte. Und irgendwie fühlen wir uns dann auch erinnert an das Wort im Evangelium, dass Gott auf die Welt kam, doch »die Seinigen nahmen ihn nicht auf«. Hans Maier hat in seinem Artikel »Den Fremden abholen« darauf hingewiesen, dass die Weihnachtszeit viele Gelegenheiten bietet, darüber nachzudenken, was es heißt, den Fremden abzuholen. Denn auch der auf Erden erschienene Gott ist eigentlich ein Fremder.

Was löst dieses Wort »fremd«, »der Fremde« eigentlich bei uns aus? Zunächst einmal eine ganz natürliche Reaktion, das Andersartige befremdet in der Regel. Man ist überrascht, vielleicht sogar interessiert, aber in einer gewissen Weise auch zurückhaltend, vorsichtig. Man kennt den anderen nicht, man kennt sich nicht aus, man weiß nicht, was einen erwartet.

Das Fremde ist eben nicht das Heimatliche. Es ist uns irgendwie unheimlich. Auch wenn wir es nicht wollen, wehren wir uns teilweise instinktiv und, einmal ganz ehrlich, bei all den schönen Worten und aller Empörung, die wir über die unwirschen Herbergsleute, die so abweisend waren, empfinden, würden wir so bereitwillig einfach die Türe aufsperren, jemanden aufnehmen? Wie ist unser Verhältnis zum Fremden? Ja, kann man überhaupt von uns verlangen, dass wir dem Fremden bedingungslos gegenüberstehen? Ist nicht das Verhältnis zu anderen oft dadurch am meisten belastet, dass wir in der Theorie, im Wort, zwar unglaublich offen sind, die Praxis aber anders aussieht, ja manchmal auch ganz anders aussehen muss, denn eine absolute Offenheit ist eben unrealistisch. Da gibt es den schönen Spruch: »Wer nach allen Seiten offen ist, kann nicht ganz dicht sein.«

Möglicherweise wird man dem Fremden aber auch gar nicht ganz gerecht, wenn man ihn bedingungslos ans Herz drückt, wenn man alles Fremde automatisch integrieren, sich mit ihm verschmelzen will. Wir haben im Deutschen das schöne Wort »Mit-ein-ander«, und da steckt ja dieses Wort, der andere, mit drinnen. Man lässt den anderen auch einmal sein, man verschließt sich ihm gegenüber nicht, ja schließt sich ihm auch auf, aber man lässt ihn in seiner Andersheit sein. Toleranz heißt ja auch nicht, dass man seinen eigenen Standpunkt aufgeben muss, sondern dass man versucht, den anderen von seiner Andersartigkeit her zu verstehen. Man versetzt sich in den anderen hinein. Dazu ist freilich notwendig, dass man selber einen Standpunkt hat, sich nicht einfach nur aufgibt.

Das beste Verhältnis zum anderen, zum Fremden, ist nun allemal, dass man versucht, ihn kennenzulernen, überhaupt ins Gespräch kommt, dem anderen auch etwas von seinem Eigenen zeigt, von seiner Kultur, seiner Weltanschauung, aber auch seiner Religion. Miteinander, das bedeutet kein bloßes Mischmasch, kein Unterbuttern, es bedeutet vielmehr ein gewisses Maß an Selbstbewusstsein, sich zu freuen, dass man selber jemand ist. Um tolerant zu sein, muss man sich nicht nur nach der Meinung der anderen richten oder immer schauen, was die anderen von einem denken könnten. Im Übrigen wären manche, die immer nur daran denken, was andere von ihnen denken, oft recht überrascht, wenn sie wüssten, wie wenig die anderen über sie nachdenken. Überhaupt ist das beste Verhältnis dem anderen gegenüber wohl das, dass man eben jenes rechte Maß zwischen Distanz und Intimität findet. »Die Distanz«, sagt Max Müller, »ist die Voraussetzung der Intimität und die Intimität die Voraussetzung für Distanz.« Es ist weder richtig, sich selbst absolut zu setzen, noch das andere, das Fremde. Man muss sich nicht besser als die anderen vorkommen, muss sich aber auch nicht automatisch als dümmer, minderwertiger ansehen.

Da gibt es den schönen Spruch von Cocteau: »Halte dich immer für dümmer als die anderen – sei es aber nicht!« Hans Maier hat in dem obengenannten Artikel als ein gutes Verhältnis dem Fremden gegenüber den Begriff des Abholens gebraucht. Abholen, das bedeutet, dass man dem anderen, dem Fremden, entgegenkommt, versucht, seine Sprache zu verstehen, aber auch seine Geschichte, seine Lebensgewohnheiten, ohne dass man die eigenen über Bord wirft. Dann erst, meine ich, kann es zu einem guten Neben-, vor allem aber auch Miteinander kommen, zu einer Buntheit und fröhlichen Gemeinschaft und Geselligkeit entsprechend dem Vierzeiler von Christian F. Gellert:

> Du hat das nicht, was andere haben,
> und anderen mangeln deine Gaben.
> Aus dieser Unvollkommenheit
> entspringt die Geselligkeit.

Um nochmals auf die Weihnachtsbotschaft einzugehen, Gott kam als der andere in die Welt, er ist unser Bruder geworden. Und doch ist Gott auch immer nach wie vor der andere, der andere Übersteigende. Der Christ freut sich, dass er durch das Kommen des Herrn zum Bruder Christi geworden ist. Dieses Brudersein besteht aber nicht in einer plumpen Kumpelei, sondern beinhaltet nicht zuletzt

Verehrung und Anbetung. Denn auch das ist eine Form der Aufnahme Gottes bei uns und in uns. So steht als eine der großen Verheißungen der Weihnachtszeit der schöne Satz: »Allen, die ihn aufnahmen, gab er Macht, Kinder Gottes zu werden.«

Lasst uns neue Brücken bauen
Helmut Zöpfl

Lasst uns neue Brücken bauen
hier in dieser Welt,
lasst uns nach den andern schauen,
da sein, wenn's wo fehlt.

Viele Menschen sind so einsam,
haben keinen Freund,
leben ohne jede Sonne,
die so oft uns scheint.

Lasst uns etwas weitergeben
von dem hellen Schein,
Licht in manches Dunkel bringen,
gut zum andern sein.

Christentum in unserer Zeit
Helmut Zöpfl

Jetzt, da das Christfest wieder naht, sollte man vielleicht auch einmal darüber nachdenken, wie weit die Entchristlichung in unserem Land schon fortgeschritten ist. Michael Schramm hat in seinem Buch *Das Gottesunternehmen* Fakten und Zahlen veröffentlicht, die allmählich auch dem größten christlichen Optimisten zu denken geben sollten. Besonders beunruhigend finde ich dabei die Tatsache, dass auch Kirchenmitglieder, ja sogar die Besucher von Gottesdiensten, zum Teil recht merkwürdige esoterische Vorstellungen vertreten. Lebhaftes Interesse für Astrologie und Okkultismus, Reinkarnationsglaube, der Glaube an Wahrsagung und an Glücksbringer ist auch innerhalb der praktizierenden Christenschar keine Seltenheit. Ich weiß nicht, wie lange man sich noch in die Tasche lügen oder mit Trostsprüchen wie diesen beruhigen kann: »Es hat immer Aufwärts und Abwärts gegeben«, »Auf jedes Tief folgt wieder ein Hoch«, oder wie diese Allgemeinplätze auch immer lauten. Ich möchte hier eine Hauptquelle unserer Entchristlichung ansprechen und vielleicht ein paar Denkanstöße geben, was Mission auch bedeuten könnte.

Im Christentum bestand und besteht – ähnlich wie in den meisten anderen Religionen – die Missionsarbeit zunächst darin, Wörter und Begriffe mit den neuen Glaubensinhalten zu füllen. So trat ganz am Anfang an die Stelle der vielen Götter der eine Gott. Begriffe wie das Kreuz, der Heilige Geist, die Heiligen, das Opfer oder die Tugenden bekamen einen christlichen Inhalt. Aber auch Zeitwörter wie *glauben, lieben, beten* erfuhren durch die neue Religion einen Bedeutungswandel.

Ganz sicher gab es immer schon Begriffe, die irgendwann einem Bedeutungsschwund unterlagen. Man denke nur an das Wort »Weib«, das heute fast als Schimpfwort gelten kann. Ebenso kam es zu allen Epochen vor, dass man religiöse Begriffe säkularisiert oder plötzlich mit neuen Glaubensinhalten gefüllt hat. Aber erst in unserer Zeit der Information, der Werbung, des Pluralismus müssen wir die Erfahrung machen, dass Begriffe unserer christlich-abendländischen Denkkultur nicht nur entleert, sondern geradezu kontaminiert werden. Vielleicht steht manchmal gar keine böse, unchristliche Absicht dahinter; es geht eher wie in der Werbung darum, mit dem Begriff etwas zu »verkaufen«: Wer den Verbraucher dazu bringt, dass er bei dem Wort »Tempo« automatisch an ein Taschentuch denkt, dessen Investitionen in die Werbung haben sich ausgezahlt.

Überlegen wir einmal: In den vergangenen Jahrzehnten wurden ursprünglich positiv besetzte Begriffe wie »Frömmigkeit« oder »Religion« immer mehr ins Abseits gerückt. Heute muss man fast schon Zivilcourage entwickeln, um entschuldigend zu sagen, dass man ein gläubiger Mensch ist.

Was tut not? Ich meine, dass man zunächst einmal eine klare Bestandsaufnahme anregen sollte: Woran denken unsere Kinder und Jugendlichen überhaupt, wenn sie bestimmte Begriffe hören? Wie kommt es, dass sie – ich stelle hier einfach einmal diese Behauptung auf – mehr Pokémongestalten als christliche heilige Männer und Frauen benennen können? Wie kommt es, dass man mühelos von jedem Kind eine ganze Reihe von Werbesprüchlein, aber wohl viel seltener ein kurzes Gebet zu hören bekommt?

Vielleicht sollten wir deshalb auch eine oft blauäugige Bildungspolitik auf den Prüfstand stellen: Können wir wirklich erwarten, dass wir gebildete junge Leute *en masse* erhalten, wenn wir jeden Kindergarten ans Internet anschließen? Ist nicht vielmehr gerade im Internet Ideologien, Reklame, Sektierertum, ja auch irgendwelchen radikalen und perversen Gruppierungen Tür und Tor geöffnet? Wir wissen genau, dass der Nationalsozialismus seine erschreckenden Erfolge nicht zuletzt deshalb feiern konnte, weil es ihm gelang, bestimmte Begriffe eben mit den Inhalten seiner Blut-und-Boden-Ideologie zu besetzen.

Selbstverständlich kann man sich Computer oder Internet nicht verschließen. Aber wir sollten unsere Kinder und Jugendlichen, bevor wir sie auf den freien Markt der Informationen schicken, zunächst einmal gesunde, in unserer Kultur geprägte Begriffe erwerben lassen – was natürlich keinesfalls heißen darf, dass wir damit Intoleranz gegenüber fremden Kulturen fördern. Aber wir könnten uns etwa exemplarisch einiger Grundbegriffe annehmen. Zum Beispiel der Elemente Wasser, Feuer, Luft und Erde. So könnten wir der Flut von kurz aufleuchtenden Bildern und Bildfolgen, wie unsere Kinder sie im Fernsehen und in anderen modernen Medien erleben, wieder einprägsame »Bilder« in Form von Erzählungen, Geschichten, sinnlichen Erfahrungen entgegensetzen. Wir könnten »Begriffe« mit allen Sinnen im wahrsten Sinne des Wortes »begreifbar« machen. Und sie nicht gleich »vernetzen«, sondern erst einmal versuchen darzustellen, worauf diese Begriffe gründen, woran sie aufgehängt sind. Enkulturation, das Hineinwachsen des Kindes in eine Kultur und ihre Wertvorstellungen, ist ein wichtiger Bereich der Erziehung. Man hat den Eindruck, dass manche eher eine »Entkulturation« fördern, als dass sie die Kinder unser Kulturgut zunächst einfach einmal kennen lernen lassen würden, bevor sie dann in ein fruchtbares Gespräch mit anderen Kulturen treten. Unsere vielleicht wichtigste pädagogische Aufgabe könnten wir so auf den Punkt bringen: »Lasst euch die Begriffe nicht austreiben!«

Versuchen wir auch, alte Begriffe mit durchaus modernen Glaubensinhalten zu füllen. Erinnern wir uns der wirklich schönen Botschaft des Evangeliums, der Frohbotschaft!

Und setzen wir sie gewissen modernen Begriffen entgegen, die möglicherweise nur einer Manipulation dienen! Erzählen, singen, gestalten wir mit unseren Begriffen gegen diese Begriffsflut an! Hinterfragen wir bestimmte Begriffe einmal kritisch – auch die eigenen! Versuchen wir festzustellen, welche Interessen dahinter stehen, welche Weltanschauungen sich darin niederschlagen!

Fördern wir die Kreativität unseres Kindes, Begriffe zu etwas Besonderem, durchaus auch persönlich Gefärbtem werden zu lassen!

Die Adventszeit fordert uns an ihrem dritten Sonntag, dem Sonntag »Gaudete«, auf, uns zu freuen. Zeigen wir wieder mehr Mut, die Frohbotschaft auch fröhlich zu verkünden!

Ein Buch zur guten Besserung
Alfred Landmesser

Zu seinem Namenstag hatte Lothar ein Zehnmarkstück erhalten. Das sieht man nicht alle
Tage und so hielt er es in Ehren und versteckte
es in einem Kästchen. Vor zwei Wochen nun er-
krankte sein Bruder an einer schweren Grippe,
und als er ihn da so leidend liegen sah, mit hef-
tigem Fieber, schwitzend und frierend und ohne
Freude an irgendwas, holte er sein funkelndes
Zehmarkstück aus dem Versteck, um ihm mit
einem Buch eine Freude zu machen. Er machte
sich auch gleich mit seinem Fahrrad auf den Weg.
Draußen lag Schnee und die Straße war spiegel-
glatt, deshalb nahm er die Abkürzung durch die
Kleingärten. Aber auch da rutschte das Fahrrad
plötzlich weg und Lothar lag im Schnee. Den
Rest des Weges schob er sein Rad. Im Buchla-
den Althus brauchte er nicht lange zu suchen,
ein Büchlein über den Heiligen Antonius und
das Jesuskind hatte es ihm schon lange angetan
und da gerade Adventszeit war, passte das ja nun
auch. Im Stillen dachte er: »Das Geschenk wird
Norbert schon gefallen und ich habe auch etwas
davon.« So kann man ja wohl mal denken. Oder?
Dann wollte er bei Frau Althus bezahlen, suchte
in allen Taschen, und es waren derer viele, aber
er konnte das Zehnmarkstück nicht finden. »Ich
habe mein Zehnmarkstück verloren!«, klagte er
mit blassem Gesicht. Frau Althus hatte Mitleid

272

mit ihm und ging zu einem Kasten, in dem sie Bücher aufbewahrte, die nicht mehr zu verkaufen waren, oder halt nur zu 2 Mark oder sogar noch weniger und schenkte ihm daraus ein Buch über Indianer. Lothar fühlte sich über die Indianerzeit hinaus, aber was sollte er tun? Besser Indianer in der Adventszeit, als gar nichts.

Wie das so ist mit der Grippe, einige Tage später war der Bruder gesund und Lothar lag krank im Bett. Jetzt hatte Norbert Mitleid mit seinem Bruder und sagte zu seiner Mutter: »Bitte leih mir zwei Mark, damit ich Lothar auch ein Buch über Indianer holen kann, das wird ihn trösten.« So fuhr er mit seinem Rad los, der Schnee war inzwischen teilweise geschmolzen. Er nahm die Abkürzung durch die Gärten, sah plötzlich etwas silbern funkeln, nahm es auf und sagte dann im Laden zu Frau Althus: »Stellen Sie sich vor, Frau Althus, ich habe ein Zehnmarkstück gefunden!« Die lächelte listig und meinte: »Da könntest du ja deinem Bruder ein Buch kaufen.« »Genau das hatte ich auch vor«, sagte er aufgeregt, »eines über Indianer, die mag er wohl.« »Nun, da weiß ich eins, das ihm sicher besser gefallen wird«, sagte Frau Althus und zeigte ihm das Buch vom Heiligen Antonius und dem Jesuskind. Und Norbert war einverstanden.

Am nächsten Tag, dem 4. Adventssonntag, zündete er zur Gottesdienstzeit vier Kerzen in Lothars Zimmer an und las ihm die Geschichte vom Heiligen Antonius und dem Jesuskind vor. Der war selig, da Norbert genau seinen Geschmack getroffen hatte und fühlte sich sofort so gesund, dass er einige Plätzchen essen konnte. Hätte er erfahren, dass er sein Geschenk im Grunde selbst bezahlt hatte, wer weiß, was dann passiert wäre. Aber Norbert hielt die Klappe, sonnte sich in Lothars Dankbarkeit und es wurde für alle ein friedlicher Adventssonntag.

Es ist so viel Traurigkeit
Helmut Zöpfl

Es ist soviel Traurigkeit, Schmerz und Leid
in unserer Welt, in unserer Zeit.
Lass leuchten den Stern der Heiligen Nacht,
der unsere Welt wieder menschlicher macht.
Lass Wärme uns spenden, wo Kälte und Eis,
Kühlung uns bringen, wo die Sonne brennt heiß,
lass Brücke uns sein, wo Abgrund und Kluft,
lass da uns sein, wenn uns wer ruft.

Der barmherzige Samariter heute
Helmut Zöpfl

Wer unser Nächster ist, sagt uns wohl am eindringlichsten das Gleichnis vom barmherzigen Samariter:

Da nahm Jesus das Wort und sprach: »Ein Mann ging von Jerusalem hinab nach Jericho und fiel unter die Räuber. Die plünderten ihn aus, schlugen ihn wund, ließen ihn halb tot liegen und gingen davon. Zufällig zog ein Priester denselben Weg hinab. Er sah ihn und ging vorüber. Ebenso kam ein Levit dorthin, sah ihn und ging vorüber. Auch ein Samariter kam auf seiner Reise in seine Nähe. Als er ihn sah, wurde er von Mitleid gerührt. Er trat zu ihm hin, goss Öl und Wein auf seine Wunden und verband sie. Dann hob er ihn auf sein Lasttier, brachte ihn in seine Herberge und sorgte für ihn. Am anderen Tag zog er zwei Denare heraus und gab sie dem Wirt mit den Worten: ›Sorge für ihn. Was du noch darüber aufwendest, werde ich dir bezahlen, wenn ich zurückkomme.‹ - Wer von den dreien hat wohl als Nächster gehandelt an dem, der unter die Räuber gefallen war?«

Jener antwortete: »Der ihm Barmherzigkeit erwiesen hat.«

Und Jesus sprach zu ihm: »Geh hin und tue desgleichen!«

Wie würde diese Geschichte in einer Zeit des vielen Redens und Herumdiskutierens sich vielleicht heute abspielen?

Ein Mann ging von Jerusalem nach Jericho und fiel Räubern in die Hände. Diese plünderten ihn aus und schlugen ihn zusammen, ließen ihn halb tot liegen und verschwanden.

Eine Gruppe Diskutierender kam vorbei:

»Schauts hin, da dort, da liegt wird, der blut'!
Weiß jemand von euch,
was man da vielleicht tut?«
»Das geht nicht so schnell,
z'erst gehört diskutiert,
damit demokratisch verfahren auch wird.«
»Die Diskussionsleiterwahl kommt erst dran,
dann sehn wir schon weiter,
dann fangen wir an!«
Nachdem man das Wahlrecht hat
lang diskutiert,
hat man die Gesellschaftslage studiert.
»Das Unglück, in das so ein Opfer reinrennt,
ist typisch für den westlichen Leistungstrend!«
»Dass Räuber rumlaufen,
das kommt bloß von dem
bourgeoisen Konsumzwang
und Herrschaftssystem!«

»Da schauts, wie er jammert«,
so meint einer nun,
»wie könnt man jetzt helfen,
was solln wir jetzt tun?«
Das hätt er nicht fragen sollen, der Reaktionär,
denn jetzt fallen alle über ihn her:
»Ja bist denn du närrisch, du bist ja borniert,
bevor man was tun darf, gehört reflektiert.
Was hilft schon die Hilfe?
Die wär viel zu bequem
und dient ja bloß unsrem Gesellschaftssystem!«
»Und ich glaub sogar«, hat sich einer gemeldt,
»dass es uns vor allem an Räubern noch fehlt.
Je mehr dass es Räuber bei uns herin gibt,
desto mehr wird das hiesige System
noch durchsiebt.
Wenn alle Räuber und Diebe man packt,
bleibt alles beim Alten, 's System bleibt intakt!«
»Und außerdem«, meint wer,
»nie ganz sicher du bist,
ob das Opfer mit uns solidarisch auch ist.«
»Doch wir tun ihm was Gutes
und geben ihm dafür
zuerst einmal unser Grundsatzpapier.«
Das habens' dem Opfer in die Hände gedrückt,
doch der stöhnt bloß und jammert,
ist gar nicht beglückt.
Und bevor man die Lage zu End diskutiert,
ist der arme Hund am Wegrand krepiert.

Nach einer Idee von K. Lefringhausen

Nächstenliebe
Helmut Zöpfl

Es schimpft sich recht leicht
übers Dunkel der Welt,
aber wer ist schon da,
der ein Licht hinausstellt,
eine Kerze anzündt
und die stockfinstre Nacht
ein kleins bisschen heller
und lichter so macht.
Von Taten, von großen,
spricht man, macht Getu,
aber wer tut fürs Heut
etwas Kleines dazu?
Von der ganz fernen Zukunft,
da redet sich's leicht,
aber schwer ist's bereit sein,
wenn der Nächste mich bräucht.
Ja, die Nächsten lieben
wär gar nicht so schwer,
wenn der Nächste nicht gar
so nah bei uns wär.

Martin
Karin Jäckel

Martin sah sich verstohlen um. Sein Herz hämmerte gegen die Rippen, und der wusste, dass seine Wangen hochrot waren. Aber niemand schien auf ihn zu achten. »Jetzt!«, dachte er und fühlte im nächsten Augenblick die große Parfümflasche an seiner Brust, die er eben noch in der Hand gehalten hatte. Hastig schloss er den Anorak.

Plötzlich tippte jemand von hinten auf seine Schulter. Martin gefror innerlich. »Erwischt!«, dachte er, als er sich umdrehte.

»Leg die Flasche lieber wieder zurück!«, sagte eine brüchige Altfrauenstimme, und dabei schloss sich eine magere Hand um seinen Arm.

Wortlos nestelte Martin die Flasche hervor. »Ich hätte schon bezahlt«, maulte er, als er sie ins Regal zu den anderen stellte.

Die Frau lächelte leicht. »Ich würde dir vielleicht glauben«, meinte sie, »aber der Ladendetektiv auch?«

»Was wollen Sie jetzt machen?«, stieß Martin hervor.

»Nichts, mein Junge«, antwortete die Frau. »Ich möchte nur, dass du mir beim Einkaufen behilflich bist. Es könnte sonst sein, dass du dein Glück noch einmal versuchst.«

Martin stand trotzig vor ihr und rührte sich nicht.

»Willst du deiner Mutter zum Weihnachtsfest eine Anzeige wegen Ladendiebstahls schenken?« Das war schlimmer als eine Ohrfeige. Tränen schossen in Martins Augen. »Natürlich nicht«, krächzte er und nahm den fremden Einkaufskorb.

Zuerst lief er stumm neben der Frau her. Dann sagte er: »Die anderen haben alle so klasse Geschenke für ihre Mutter.« Ein Blick aus den wässrigen Augen der Frau streifte sein Gesicht, aber er bekam keine Antwort. »Ich hab' noch nie gestohlen, wirklich«, beteuerte Martin hastig. »Aber seit Vati gegangen ist, krieg' ich kein Taschengeld mehr.«

»Ja, und?«, lächelte die Frau. »Muss man Geschenke unbedingt kaufen?«

»Ach, das andere ist doch alles nichts«, rief Martin und machte eine wegwerfende Handbewegung.

»Ich hatte ihr ein Bild gemalt. In der Schule, wissen Sie. So eins mit Tannenbäumen und Schnee. Erst gefiel es mir ja auch ganz gut.« Er verstummte wieder und bohrte die freie Hand in seine Jackentasche. »Nachher ist mir dann eingefallen, dass bei uns zu Hause schon überall solche Bilder an den Wänden hängen und dass Mutti sich über eins mehr bestimmt nicht richtig freuen kann.«

»Und da hast du beschlossen, einfach etwas zu stehlen«, ergänzte die Frau. Sie hielt in ihrem Schritt inne und drehte sich zu Martin um. »Jetzt habe ich genug eingekauft. Trag mir doch bitte den Korb heim, ja?« Martin nickte ergeben.

Es war nicht weit bis zur Wohnung seiner neuen Bekannten.

»Komm rein«, forderte sie ihn auf. »Setz dich. Ich koche uns eine Schokolade.«

Martin nahm in einem der riesigen Ohrensessel Platz und hörte in der Küche das Geschirr klappern. »Ich bin übrigens Frau Ott«, sagte die alte Frau, als sie zwei Tassen hereinbrachte. »Und wie heißt du?«

Martin stellte sich linkisch vor.

»Also gut, Martin«, nickte Frau Ott nachdenklich und setzte sich zu ihm. »Du hast mir von deinen Sorgen erzählt, jetzt will ich dir auch etwas erzählen.« Sie sah ein Weilchen zum Boden. »Ich war einmal verheiratet und hatte auch einen Sohn«, fuhr sie schließlich fort. »Wir waren eine sehr glückliche Familie. Dann kam der Krieg. Mein Mann wurde Soldat und fiel an der Front. Mein Sohn wurde wenig später bei einem Fliegerangriff unter den Trümmern eines Hauses begraben. Ich hatte meine Familie verloren. Doch eines Tages fand ich in einem Buch, das zufällig über den Krieg hinaus erhalten geblieben war, ein Gedicht. Mein Sohn hatte es einmal für mich zum Geburtstag abgeschrieben und ein paar Blumen dazu gemalt. Die Erinnerung stürmte nur so auf mich ein. Wie viel Zuneigung, wie viel Glück und Lachen hatte ich damals jeden Tag ohne Frage empfangen, und ich hatte nie bedacht, wie reich ich war. Nun wurde mir klar, dass kein Geld der Welt mir diesen Schatz neu erwerben könnte.«

Martin war ganz still geworden. Unvermittelt hob er den Kopf und sah Frau Ott lange prüfend an. »Danke«, sagte er. »Für die Schokolade und alles. Vielleicht besuchen Sie uns ja mal?« Er stellte die Tasse ab und stand auf.

Frau Ott nickte. »Zeigst du mir dann das Bild?«

»Ja«, sagte Martin, »bestimmt.« Und dann hatte er es plötzlich sehr eilig.

Auf Weihnachten wieder
an Weihnachten denka
Helmut Zöpfl

Wia waars, wenn ma heuer
beim Feiern und Schenka
auf Weihnachtn wieder an Weihnachtn denka?
In Gedankn a wengerl nach Bethlehem genga,
eihaltn, a bisserl, im Hetzn und Renna,
a bisserl mehr weihnachtlich aa da drinna
dankbar auf d'selbige Heilsnacht uns bsinna?
Net oiwei bloß d'Händ' grad aufhaltn,
von Empfänger öfter auf Absender schaltn,
a bisserl mehr gebn und a bisserl mehr teiln,
de andern beim Tragn helfa bisweiln.
Net bloß vom Guatn und Schöna redn,
sondern aa danach handln und aa danach leben.
Wach sein und auf de Gelegenheit paßn
und net alle vier bloß grad sei laßn.
Genau wia de Hirtn vom Schlafa aufwacha
und bal oaner oklopft, de Tür eahm aufmacha.
Wos not duad, a Liacht im Dunkeln ozündn,
as erste guate Wort wieder findn,
a bisserl mehr miteinander aa redn
und net bloß stur sei Meinung vertretn.

Des Redn vom Friedn net so auffaßn,
dass mia bloß selber wolln in Friedn wern glaßn,
um an Friedn se in der nächsten Näh plagn,
a bös' Wort verschlucka und liaber net sagn.

De Zeit net bloß mitm Jammern verliern,
net wehleidig bloß in uns selber neistiern.

Net in allem a Haar in der Suppn drin findn,
de Frohbotschaft fröhlich weiterverkünden.
A bisserl mehra von ihra betroffn,
wieder mehr glauben und wieder mehr hoffn.
Net voller Angst in de Zukunft schaun:
»Fürchte euch nicht!« Mia solln mehr vertraun!
An Blick auf des zuagsagte Heil wieder lenka.
Und auf Weihnachtn drum wieder
an Weihnachten denka.

Mein Platz in der Welt
Helmut Zöpfl

Nicht der Sonne
alles erhellender Schein,
nur Schimmer der Kerze
ins Dunkel hinein.
Nicht steiles Gebirge,
das himmelhoch ragt,
sondern Stufe,
die langsam höher sich wagt.

Nicht Aufbruch ins Weltall,
Reise zum Mond,
sondern Schritt hin zum Nachbarn,
der neben mir wohnt.
Nicht Shop,
nicht großes Komödienstück,
sondern Lächeln,
ein wenig vom Kleingeld fürs Glück.

Nicht Prunkgebäude,
nicht prächtiges Schloss,
sondern Hütte und Dach,
ein Unterschlupf bloß.
Nicht große Worte,
Versprechen und Schwur,
ein gutes Wort
und ein Dankeschön nur.

Lass das mich erkennen,
hören und sehn,
was möglich mir ist,
und lass mich verstehn,
was ich tun kann im Jetzt,
bewirken im Heut,
was das Meinige ist
in unserer Zeit.

Wozu die Liebe den Hirtenknaben veranlasste
Karl-Heinrich Waggerl

In jener Nacht, als den Hirten der schöne Stern am Himmel erschienen war und sie machten sich alle auf den Weg, den ihnen der Engel gewiesen hatte, da gab es auch einen Buben darunter, der noch so klein und dabei so arm war, dass ihn die anderen gar nicht mitnehmen wollten, weil er ja ohnehin nichts besaß, was er dem Gotteskind hätte schenken können.

Das wollte nun der Knirps nicht gelten lassen. Er wagte sich heimlich ganz allein auf den weiten Weg und kam auch richtig in Bethlehem an. Aber da waren die anderen schon wieder heimgegangen und alles schlief im Stall. Der heilige Josef schlief, die Mutter Maria und die Engel unter dem Dach schliefen auch, und der Ochs und der Esel, und nur das Jesuskind schlief nicht. Es lag ganz still auf seiner Strohhütte, ein bisschen traurig vielleicht in seiner Verlassenheit, aber ohne Geschrei und Gezappel, denn es war ja ein besonders braves Kind, wie sich denken lässt.

Und nun schaute das Kind den Buben an, wie er da vor der Krippe stand und nichts in Händen hatte, kein Stückchen Käse und kein Flöckchen Wolle, rein gar nichts. Und der Knirps schaute wiederum das Christkind an, wie es da liegen musste und nichts gegen die Langeweile hatte, keine Schelle und keinen Garnknäuel, rein gar nichts.

Da tat dem Hirtenbuben das Himmelskind in der Seele leid. Er nahm das winzig kleine Fäustchen in seine Hand und bog ihm den Daumen heraus und steckte ihn dem Christkind in den Mund.

Und von nun an brauchte das Jesuskind nie mehr traurig zu sein, denn der arme, kleine Knirps hatte ihm das Köstlichste geschenkt, was einem Wickelkind beschert werden kann: den eigenen Daumen.

Nachbar in Not
Helmut Zöpfl

Wenn der Nachbar in Not ist
und wenn's ihm schlecht geht,
wenn er Angst hat
und wenn er allein oft dasteht,
wenn er krank ist und arm,
ohne Hilfe vielleicht,
und man hört ihn kaum rufen,
wenn er uns bräucht,
dann sollten wir nicht
verschließen das Ohr,
an die Herbergssuch denkend
öfter öffnen das Tor.

Der Christkindlvater
Reimmichl

In Tiefenbach war er daheim – der Aßmair-Seppl. Diesen Namen hörte er jedoch selten, weil die Leute ihn allgemein nur den Krippenseppl hießen. Er war ein buckliges Männlein, hoch in den Sechzig, hatte ein krummes, holperiges Gehwerk, ein rotes Gesicht, winzige hellgraue, leuchtende Äuglein, einen baumelnden Kopf, schneeweiße Haare und ein junges Herz mit echtem Kindergemüt. Als alter Junggeselle mit tausend Gulden Einkommen war er schon seit Jahren im Talhäusl eingeherbergt. Vom Frühjahr bis Michaeli half er den Hausleuten arbeiten, dann zog er sich aber in seine zwei Stuben zurück, und bis Lichtmessen war mit dem Seppl nichts mehr anzufangen. Zu Michaeli begann für ihn der Weihnachtsfestkreis, der sein ganzes Sinnen und Trachten in Anspruch nahm. Da plünderte er seine Weihnachtskrippe vom Dachboden herunter und begann, die einzelnen Figuren, welche, mehr als zweihundert an Zahl, zum Krippenhausstand gehörten, nach Kleidung und Gestalt eingehend zu mustern. Die Musterung brachte immer dasselbe Ergebnis, nämlich, dass der Seppl sich nicht mehr aussah, bis Weihnachten mit den nötigen Reparaturen und Verbesserungen an der Krippe fertig zu werden. Da hatte ein Hirt den Fuß gebrochen, dort ein Engel die Fittiche verloren, da war einem

König der seidene Mantel verschossen, im Tempel war das Dach eingestürzt, Palmen waren umgefallen, Pferde hinkten, Häuser wackelten und so weiter. Fieberhaft machte sich der Seppl ans Werk, tagein, tagaus leimte und schnitzelte und malte er an seiner Krippe. Dazu summte er alte Weihnachtslieder oder führte lange Gespräche mit sich selbst. Dieses Sprechen mit sich selbst war überhaupt eine Eigenschaft des Seppl, und oft hatte er einen so lebhaften Diskurs mit seiner eigenen Person, als ob ein halbes Dutzend Nachbarn in seiner Stube versammelt wären. Weil in dieser Zeit all seine Gedanken nur auf das Christfest und die Heilige Nacht gerichtet waren, so drehten sich seine Gespräche in diesen Wochen einzig um das Weihnachtsgeheimnis.

Etliche Tage vor Weihnachten verschwand der Seppl aus seiner Herberge. Er wanderte hinaus in die Stadt. Auf dem Weg murmelte er immer wieder: »Muss mich doch ein bissl mit Opfer und Gaben einstellen. Mit leeren Händen darf ich nicht kommen – wär' eine Sünd', eine Schand'!« In der Stadt nahm er einen Schippel Banknoten aus der Sparkasse und steifte hernach wohl durch ein Dutzend Kaufläden. Heimwärts kehrte er in verschiedenen Bauernhöfen ein und schloss manchen Handel. Dann erschienen im Talhäusl der Reihe nach schwere Kisten und Ballen, vollgepackte Körbe und Säcke.

Hierauf verschloss sich der Seppl gänzlich in seine zwei Stuben und wurde nicht mehr gesehen,

bis die Weihnachtsglocken zum Talhäusl hinauf-
klangen. Zu jener Zeit aber hatte der Seppl seine
eigene Christfeier bereits vorüber. Diese begann
schon mit der Dämmerung am Heiligen Abend
und währte gut drei Stunden. – Wenn jemand in
seine Wohnung gekommen wäre, hätte er Fol-
gendes schauen und hören können. Die ganze rückwärtige Breite des Vorderzimmers war
angefüllt mit der Krippe. Mitten in der Krippe
stand ein Glaskasten, und darin lag auf rotsei-
denen Windeln ein großes, wächsernes Christkind, das grüßend seine Ärmlein ausstreckte.
Rund herum zog sich der Krippenberg, darauf
standen Städtchen, Kirchen und Häuschen mit
ihren putzigen Spiegelfensterchen, hin und hin
die Unmengen Figuren: Könige, Hirten, Priester, Soldaten, Handwerker usw., in wunderba-
rer Mischung und prächtiger Ausstattung. Um
die Krippe war Tannenreisig gewunden, überall
mit Zierrat und Flitterwerk besetzt. Das Ganze
strahlte und flimmerte im Scheine von mehr als
hundert Kerzen und Lämpchen wie ein Zauber-
spiel aus dem Wunderlande. Links und rechts von
der Krippe stand ein langer Tisch, ein jeder war
überladen und aufgeputzt mit Gaben. Auf dem
rechten lagen Butterknollen, Käselaibe, Brotwe-
cken, Nußzelten, Äpfel und Birnen, gespickt mit
Silberzwanzigern, standen Säcke voll Mehl, Körbe voll Eier, Honigtöpfe usw. Der linke Tisch
trug andere Waren: Rempel von Tuch und Lo-
den, Schürzen und Jäckchen, Mützen, Strümpfe

und Kinderschuhe, Wolle und Flachs, Schals und Flöre, alles im bunten Durcheinander. In der Mitte aber, unmittelbar vor dem Christkind, kniete der Seppl im schönsten Festtagsgewand. Sein Gesicht war noch röter als andere Male, fast so rot wie eine Osterkugel, seine Augen leuchteten und strahlten wie Johannisfunken, seine Lippen zitterten, sein Kopf wackelte – bald ging es wie ein helles Lachen über seine Züge, bald schien etwas im Halse ihn zu würgen, und er drückte und schluckte, als ob er's nicht mehr erschnaufen könne. Stundenlang kniete er so vor der Krippe und tat nichts, als mit verklärten Blicken starr auf das Christkind schauen und mit demselben laut diskurrieren, wobei er sich selber Rede und Antwort gab. Das Gespräch ging beiläufig so: »Du lieb's Himmelsbübl, sei doch nit gar so fein mit mir! Ich hab's redlich nit verdient. – Bin ein alter, borstiger Klaubauf voll Sündenruß und Ung'schick, und ich hätt mich nit hertrauen sollen zu dir. Aber die Lieb' hat gar so viel g'schob'n und gezog'n, und mir ist so viel zeitlang gewesen um dich.«

»Grüß dich Gott, Seppl, ich hab' lang schon auf dich gewartet, und mir ist auch zeitlang gewesen um dich.«

»Was du nit sagst? Geh, du mein einziger Schatz, das vergess ich dir mein Lebtag nie … Mir kommt alleweil vor, du gehörst nur mir allein, und so gern wie ich darf dich kein Mensch haben. Wenn ich's grad recht sagen könnt'!«

»Seppl, ich weiß schon, wie dir ist, ich kann ja in dein Herz hineinschauen wie durch eine Fensterscheibe.«

»Ei freilich wohl, du bist ja tausendmal g'scheiter als ich … Gelt, es ist schon eine rechte Lieb' da drinnen? – Und schau, was ich dir bracht hab'. Das Zeug da und die Sachen, die sind mein Hirtenopfer – das gehört alles dir, dir allein! Musst aber alles selber behalten und darfst mir gewiss nichts herschenken.«

»Aber Seppl, was soll denn ich für dein Opfer dir geben?«

»Bist g'scheit! – Gar nichts darfst du mir geben, rein gar nichts! – Du närrisches Bübl, wenn ich dir was schenk, dann lass' ich mir's nicht zahlen.«

»Aber Seppl, ich will mir's aufmerken und im Himmel zu deinem Lohn zusetzen.«

»Nein, nein, Schatzl, da wird nix draus! – Die Kleinigkeit musst mir einmal ganz umsonst annehmen, dafür will ich keinen Pfennig haben. – Das tu' ich einmal aus purlauterer Lieb', und für die Lieb' lässt man sich nicht zahlen.«

Der Seppl schaute lange Zeit wie entrückt auf das Christkind, dann begann er wieder:

»Aber gelt, du Herzenskind, in den Himmel komm' ich wohl ganz gewiss?«

»Ja, ja, Seppl, in den Himmel kommst schon … Wo sollt' ich denn sonst meinen Krippenseppl hintun? An einen anderen Ort als in den Himmel tät' der Seppl nicht passen.«

»Vergelt's Gott zu tausendmal – jetzt bin ich der glücklichste Mensch auf der Welt, und so leicht ist mir wie einer Flaumfeder. Wenn du's selber sagst, dann muss es wahr sein!«

So ähnlich redete der Seppl mit dem Christkind. – Wenn dann die Glocken zur Mette riefen, stieg er hinunter in die Kirche und feierte dort eine ebenso innige und fromme Weihnacht. Nach der Mette stapfte er wieder in seine Herberge und zündete an der Krippe noch einmal die volle Beleuchtung an. Über kurze Zeit wurde es dann laut im Talhäusl. Es kamen ein paar Dutzend arme Kinder, die der Seppl hatte rufen lassen. Die schauten sich erst an der Krippe beinahe die Äuglein heraus, dann hielten sie Schürzen und Hände auf, und der Seppl packte von den Opfergaben, die er dem Christkind geschenkt hatte, einem jeden, so viel es nur forttragen konnte, ein. Wenn die Kinder ihm danken wollten, deutet er auf die Krippe hin und sagte: »Von mir ist nichts, rein gar nichts! Das alles schenkt euch das Christkind, ihm müsst ihr danken.« – Und wie die Kinder zur Krippe traten und rührend sagten:

»Lieb's Christkindl, vergelt's Gott zu tausendmal«, da rannen dem Seppl bohnengroße Zähren über die Wangen, sein Kopf wackelte stärker, und er murmelte still in einen Winkel hinein: »Liebes Himmelsbübl, ich will an dem Ding da gar keine Freud' haben – die Freud' musst du haben, du allein!« – In dieser Weise feierte der

297

Seppl schon seit Jahren das Christfest, und ob seiner Christbescherung wurde er auch Christkindlvater genannt.

Ein Jahrsmalen aber, als sich der Seppl besonders stark auf Weihnachten gesehnt hatte, wurde ihm die Freude verdorben. Er bekam zu Allerheiligen die Gliedersucht, musste ins Bett und konnte es wochenlang nicht mehr verlassen. Alle seine Zurüstungen waren unterbrochen, neue Anstalten durfte er keine treffen, und Weihnachten sollte für ihn ohne Lichtstrahl und Freudenglanz vorübergehen. Da weinte der Seppl heiße Tränen in seine Polster und klagte:

»Ich weiß nicht, was das Christkind heuer gegen mich hat, dass es mich nimmer haben will! – Hab' ihm doch gar nichts getan.«

Als ihm der Pfarrer bei einem Besuche erklärte, das Christkind wolle heuer ein anderes Opfer, Krankheit und Leiden seien auch ein kostbares Christgeschenk, da lachte der Seppl und beteuerte, alles wolle er aushalten, wenn er nur dem Christkind damit eine Freude machen könne. Allein in der nächsten Zeit wurde er wieder tieftraurig.

Ein paar Tage vor Weihnachten, als der Pfarrer abermals da war, zog der Seppl unter seinem Polster ein Sparkassenbüchl hervor, reichte es dem Pfarrer und sagte:

»Wenn das Christkind mit mir schmollen will, so kann ich nichts dafür. – Ich schmoll' keinesfalls und lass mir mein Opfer nicht abweisen. –

Das da gehört dem Christkind; seien Sie so gut, schicken Sie's ihm, mag's dann tun damit, was es will.«

Der Pfarrer nahm das Büchl und äußerte lächelnd: »Das Christkind schenkt alles wieder her, wird wohl so recht sein. Und wer weiß, vielleicht kommt's um Weihnachten gar selber, um sich bei seinem Krippenvater zu bedanken.«

Das Talhäusl stand draußen am Waldrand, und einzelne Bäume drängten sich bis dicht an Seppls Stubenfenster heran. Am Weihnachtsabend hörte der Seppl vor dem Hause immerfort scharren und knistern. Weil aber sein Bett im Winkel stand und er nicht durchs Fenster sah, konnte er auch nicht die Ursache des Geräusches entdecken. Auf seine Fragen entgegnete die Wärterin nur, es sei heute so kalt, dass die Eiszapfen fortwährend springen und knallen … Als es anfing zu dämmern, schloss die Wärterin die Fensterläden, und nun wurde das Geräusch noch stärker. Der Seppl war sehr traurig und grübelte düster vor sich hin. Da traten plötzlich zwei Knechte vom Nachbarn herein und sagten:

»Pass auf, Seppl, jetzt kommt das Christkind!«

Zugleich fassten sie das Bett und schoben es mitsamt dem Kranken dicht unter das Fenster. Die Wärterin machte die Läden auf, und nun drang eine wahre Lichtflut von draußen in die Stube herein. Der Seppl riss die Augen scheibenweit auf, blickte staunend hinaus und wusste nicht, ob er träumte oder wachte. Die beiden großen Fichtenbäume, die vor dem Fenster standen und über das Hausdach hinaufragten, waren von unten bis oben mit brennenden Lichtern besetzt. Natürlicher Schnee glitzerte auf den Zweigen, natürliche Eiszapfen blitzten dazwischen in allen Farben, künstliche Silber- und Goldfäden wanden sich von Ast zu Ast. Zwischen den beiden Fichtenstämmen in einem Bettlein von grünen Taxen, von einem Lichterkranz umgeben, lag ein großes, wunderschönes Christkindl, das seine Hände gegen den Seppl auszustrecken schien. Es war ein Glänzen und Funkeln wie im Himmel. Zu beiden Seiten des Fensters standen gar zwei lebendige Engel, die mit den Flügeln schlugen und hereinlachten. – Die ganze Herrlichkeit hatte der Lehrer von Tiefenbach veranstaltet, und die beiden lebendigen Engel waren zwei Schulmädchen in weißen Kleidern mit Flügeln aus Silberpapier. – Eine Zeit lang schaute der Seppl wie verzückt hinaus, dann sagte er weinend:

»Oh, ist das Christkind gut! – Weil ich nicht zu ihm komme, kommt es herwärts zu mir.«

Auf einmal ging die Stubentür, und herein traten leibhaftig – die Hirten von Bethlehem. Es waren dies eine Schar Knaben in kurzen Hosen, weißen Hemdsärmeln, spitzen Hüten mit weißen Federn darauf und langen Hirtenstäben. Die Knaben reihten sich um das Bett des »Christkindlvaters« und begannen zu singen:

»Was hat das Ding z' bedeut'n,
just heut um Mitternacht? –
Der Himmel glänzt von Weitem,
voll Herrlichkeit und Pracht.
Und d' Engel flieg'n halt ohne End': –
schaut's, hab'n denn do den Stall an'zündt? –

Was hat das Ding z' bedeut'n,
just heut, um Mitternacht?

Und d'Lampel spring'n umma,
als wie beim schönsten Tag. –
Halt ja, als wie in Summa,
a jedes wie's mag. –
Hab g'meint, i siech an Lampldieb,
daweil is a Eng'l schön und lieb. –

Sagt, 's Kindlein is geboren
zu Bethlehem im Stall.

O du mein liebes Kindl,
wir fallen auf die Knie.
Verzeih uns armem G'sind'l
all's, was wir täten dir …
Weg'n unser bist du jetzt Mensch wor'n
und bist so arm im Stall gebor'n.

Da habt's a wenig's Opfer,
nehmt's nur damit verlieb.

I hätt z' Haus a warmes Stüb'l
und a broate Ofenbank.
War decht schad' ums arme Büb'l,
wenn's vor Kälte wäret krank.
Und a Bett'l und a Wieg'l
richt' die Gretl a glei z'samm'.

I will auf dem Boden liegen,
geht's mit uns,
mir g'schaff'n (vertragen uns) schon.

Sein mir sunst scho arme Leut',
macht uns reich die große Freud'.

Und wenn es kommt zum Sterben,
und kommt der Tod herbei,
dort lass uns nicht verderben,
hilf uns allsoglei.
Schick uns an Engel hurtig g'schwind,
dass er unser Seel' in Himmel bringt.

Dort lob'n wir Gott hochgebenedeit,
ja preisen ihn in alle Ewigkeit.«

Der Seppl horchte und schaute und schaute und
horchte, derweil rannen ihm die Tränen bachlweise über die runzligen Wangen, und er brachte vor Rührung kein Wort heraus.

Am nächsten Tag ließ der Seppl den Pfarrer
und den Lehrer holen und sagte, er müsse bald
sterben, darum wolle er Testament machen. –

Und weil er schon der Christkindlvater sei, vermache er alles dem Christkind. – Seit dieser Zeit ist in Tiefenbach eine Stiftung, aus welcher die armen Kinder um Weihnachten reichlich beteilt werden.